Crianza de Alta Demanda
Consejos útiles para la etapa infantil

Mónica San Martín

Dedicatoria

A mis padres, Ascen y Fernando, por hacerme la persona
que soy.
A mis hijos, Sara y Gael, porque sois mi impulso diario.
A mi marido, Chema, por seguir ahí a pesar de todo.
No debe ser fácil convivir con tres personas de alta demanda.

GRACIAS

INDICE

INTRODUCCION

Con este libro que tienes en tus manos pretendo dar una visión más amplia sobre los Bebés y Niños de Alta Demanda, cómo son y cómo manejarnos en la mayoría de las situaciones que se nos pueden presentar en su crianza.

Y es que la maternidad tiene mucho de instintivo, pero también es necesario tener unos conocimientos que te guíen. Esos conocimientos antes se adquirían por el simple hecho de vivir en comunidad. No necesitabas que nadie te dijese lo que tenías o no que hacer, simplemente lo veías: en tu familia: madre, tías, abuelas, vecinas.

Ahora vivimos aislados y si no tienes alguien cerca que te oriente a veces puede resultar difícil, sobre todo los primeros meses. Este hecho se acentúa si tu hijo tiene unas necesidades mayores que el resto, si su comportamiento es muy diferente del de los demás niños. Y es lo que pasa con los Bebés de Alta Demanda.

Si lo poco que sabes de bebés es que comen y duermen y que tú vas a pasar tus ociosas horas mirándole mientras duerme en su cunita, te darás de bruces con la realidad.

Realmente no hay muchos bebés que se comporten de esa manera, pero sí es verdad que la gran mayoría, una vez satisfechas sus necesidades más básicas, es decir: hambre, sueño, higiene y contacto físico, se duermen plácidamente o por lo menos se quedan tranquilos.

Con los Bebés de Alta Demanda la realidad es muy distinta. Desde el primer momento pueden tener un comportamiento muy diferente: pueden estar largas horas sin dormir, con los ojos muy abiertos mirando con detalle todo lo que les rodea, se resisten a dormir con uñas y dientes por lo que pueden llorar de una manera muy explosiva para no hacerlo. Por otra parte captan demasiados estímulos y eso les genera un gran nerviosismo que les impide relajarse lo suficiente para poder tener un sueño reparador, por lo que cuando por fin duermen su sueño es muy inestable e inquieto. Resumiendo duermen muy poco y mal. Además muchos de ello solo van a tolerar estar en tus brazos y solo en ellos, día y noche.

Te puedes imaginar que si te esperas un bebé dulce y dormilón y el primer día te encuentras con un bebé activo y curioso que lo último que quiere es dormir y que cualquier estímulo le va a hacer llorar a un volumen que jamás habías oído en un bebé, te sentirás cuando menos sorprendida. Puedes pensar que algo no funciona bien, ya que esto no es lo que te contaron, ni es lo que ves cuando visitas a tus amigas, ni cuando paseas por la calle.

Tener un Bebé de Alta Demanda tiene muchas satisfacciones, pero los primeros meses resultan agotadores por la falta de sueño (porque literalmente no duermes apenas) y por la exigencia física, unida a tu puerperio.

Cuando los bebés crecen cambian mucho las cosas, por suerte, pero la alta demanda, esas necesidades tan imperiosas van a seguir ahí solo que se darán de otra manera. Y ahí también debemos estar a la altura de nuestros hijos para ofrecerles todo lo que necesitan que es mucho, porque solo de esa manera podremos ayudarles a desarrollarse como las brillantes personas que pueden llegar a ser.

Todas estas exigencias, afectan a toda la vida familiar, a la relación de pareja, al resto de hermanos, a la familia extensa (abuelos, tíos, primos), a la vida social e incluso a la laboral, a nuestro equilibrio emocional, a cualquier hecho normal como es la visita al médico, la guardería, el colegio, en definitiva a nuestra manera de vivir y ver la vida.

Por eso en este libro he intentado recoger todos los consejos que a mí me hubiese gustado recibir cuando nació mi hija y las cosas que he ido aprendiendo en las diferentes etapas por las que hemos ido pasando hasta hoy.

He intentado dar un repaso por todos los ámbitos posibles, aunque probablemente me haya dejado alguno, no es fácil abarcar todos los aspectos. Aun así estoy segura que en las próximas páginas encontrarás alivio, comprensión e ideas para solucionar la mayoría de las dificultades que se te puedan presentar.

Es verdad que no hay dos Bebés de Alta Demanda que sean exactamente iguales, pero sí es cierto que muchos de ellos tienen comportamientos similares en muchos aspectos.

Los consejos que en este libro he reunido están basados en su mayoría en mi propia experiencia con mis dos hijos.

Te invito a que me acompañes en este viaje en el que voy a ayudarte a cambiar el enfoque para que saques todo lo positivo que tienen estos niños y disfrutes con ellos. Descubrirás la gran suerte que tenemos de que estos niños tan especiales nos hayan elegido como madres/padres. Acompáñame, no te arrepentirás.

PRÓLOGO

No conozco ningún niño que no haya dado nunca un quebradero de cabeza a sus padres. Los niños son nuestro bien más preciado y todos, padres y madres, nos preocupamos por ellos ante el menor indicio de que algo no pueda ir bien. Y eso es lo normal durante la crianza de nuestros pequeños.

Pero dentro de todo el abanico normal de situaciones estresantes que puede llegar a presentar un bebé, lo cierto es que hay algunos que presentan muy pocas a la vez y los hay que parece que las presentan todas al mismo tiempo: esos niños son bebés de alta demanda.

Los bebés de alta demanda no son niños conflictivos, ni son niños problemáticos, ni son malos, ni nada de las múltiples etiquetas que a lo largo de mi profesión como psicóloga les he visto llevar (y que he luchado por quitar). Tan solo son niños que tienen unas necesidades incrementadas en algunos aspectos como el contacto, la estimulación… y más bajas en otros, como la necesidad de horas de dormir por poner un ejemplo.

Son niños que parecen no seguir las estadísticas de lo que es un bebé, pero son bebés normales porque las personas hemos olvidado que el este y el oeste de la campana de Gauss existen, y que esos extremos también son normales. No todos los niños son iguales y a algún padre le va a tocar el niño más dormilón del planeta y a otro el menos dormilón. Estadísticamente a alguien le va a tocar el más tranquilo y a alguien el más irritable sin que medie ningún problema por medio. Son los extremos de un abanico considerado normal.

En un mundo actual en donde los padres aún tenemos menos tiempo que antaño para dedicarlo a los menores, el tener un bebé de alta demanda presenta un serio problema para muchas familias que no entienden que está pasando. El mayor problema surge cuando los padres no entienden que su hijo es así, sin más, y lo achacan o bien a un problema del niño o bien a que ellos no son buenos padres. Nada más lejos de la realidad.

A veces la solución es tan sencilla como que estos padres necesitan comprendan la situación y sepan pequeños trucos que funcionan con estos bebés. ¿Cómo darles esa información? Pues nada mejor que el boca a boca de otro padre que haya pasado por lo mismo. Nadie puede entender mejor a unos padres con un bebe de alta demanda que otros que han vivido situaciones semejantes, pues no son casos que deban tratarse ni en las consultas de pediatras ni de psicólogos, puesto que estamos ante niños normales.

Este libro que estás empezando a leer viene a ser uno de esos caminos que pueden ayudar a muchos padres pues está escrito desde la experiencia y desde la comprensión. ¡Cuántas veces los padres de bebés de alta demanda se han sentido juzgados! No hay comprensión hacia ellos y las ayudas, para más inri, vienen de boca de personas que no saben lo que es encontrarse en esas situaciones.

Mónica San Martín aporta en estas páginas la comprensión que muchos necesitan y las experiencia de su buen hacer como madre de bebes de alta demanda, por eso este libro está llamado a ser un pilar fundamental en la crianza de estos niños.

En la lectura del manuscrito he podido encontrar palabras de apoyo a los padres, pequeños consejos y trucos para que los bebés sean más felices, pero sobre todo sentido común ante estas situaciones que parece ser que desbordan a muchos. Ojala el sentido común imperara ante muchas de las situaciones que se nos plantean ante la crianza de nuestros hijos y desoyéramos consejos anti natura (y anti corazón) que tantas veces se proponen.

Una lectura amena, fácil y clara que aporta soluciones para cualquier aspecto de la crianza desde el nacimiento hasta la infancia más tardía.

Creo que "Crianza de Alta Demanda" va a ser el libro de cabecera de muchos padres que encontraran soluciones para sus hijos, pero sobre todo lo será porque muchos de ellos se verán reflejados y reconfortados por alguien cercano que les entiende y que, aunque sin conocerlos, los aprecia porque sabe de primera mano lo que es transitar por ese camino.

Rosa Jové

CARACTERÍSTICAS DE LOS BEBÉS DE ALTA DEMANDA

El término Bebés de Alta Demanda y sus características fueron acuñados por el Doctor Willian Sears, pediatra americano. A él debemos el término Bebés de Alta Demanda o de Alta Necesidad (High need baby)

Este término nació para explicar el comportamiento de su cuarta hija que era muy diferente al del resto de sus hijos. El entorno más cercano se refería a ella con etiquetas negativas como llorona, difícil...así que crearon un término para definir a su hija, y estas son las **características** que definen a los Bebés de Alta Demanda:

- Intensos
- Hiperactivos
- Necesitan contacto físico continuo
- Maman frecuentemente
- Demandantes
- Frecuentes despertares
- Insatisfechos
- Impredecibles
- Hipersensibles
- Absorbentes
- No se calman solos
- Sensibles a la separación

Para que quede claro a qué nos referimos con la expresión: Bebé de Alta Demanda, te dejo unos pocos artículos publicados en mi blog www.crianzadealtademanda.com que estoy segura que te resultarán útiles para aclarar conceptos.

¿Es mi Bebé de Alta Demanda?

Hay muchas mamás que me comentan que no están seguras si sus bebés son de alta demanda o no. Notan que sus bebés son diferentes a los bebés de su entorno y se sienten desbordadas y juzgadas, pero no lo tienen claro.

Aparte de las características que dio el Dr. Sears, hay otras características que son comunes a muchos Bebés de Alta Demanda:

- Tienen los ojos grandes y siempre muy abiertos observando todo con atención desde el primer día
- Sujetan la cabeza casi sin ayuda nada más nacer
- Lloran mucho y con mucha intensidad
- No puedes dejarlos ni un segundo alejados del cuerpo de mamá (día y noche)
- No aceptan la posición tumbada, quieren estar siempre erguidos mirándolo todo
- Se resisten a dormir y cuando por fin lo hacen se despiertan a los 20 minutos de reloj
- No les gusta ir en coche, lloran desesperadamente
- No aceptan la cuna, el carrito incluso algunos ni siquiera los portabebés, solo quieren brazos y más brazos.
- No les gusta el baño
- Es muy difícil hacerles tomar medicinas
- No dejan que ninguna otra persona les coja, lo cual dificulta mucho las revisiones del médico

Los primeros meses de la vida de un bebé suelen ser difíciles porque es una novedad para todos: para el bebé y para los papás, sobre todo si son primerizos. Si el Bebé es de Alta Demanda todo se complica y los primeros meses pueden llegar a ser muy duros. Los consejos bienintencionados de la familia y amigos tampoco suelen ser de mucha ayuda, ya que por lo general no se conoce mucho a este tipo de niños y lo que la mayoría de la gente espera de un bebé es que coma y duerma.

Si tienes un bebé y no sabes si es de alta demanda, seguro que leyendo las características sales de dudas. De todas maneras esto no es un diagnóstico para confirmar si es o no de alta demanda. Esto solo nos sirve para ver que nuestro hijo es normal, que no es el único que se comporta así y que no todos los bebés son iguales.

No importa si tu bebé cumple una o todas las características, si a ti la situación te desborda para ti es de alta demanda.

Usa las características como una guía para conocer mejor a tu bebé. Normalmente cuando los padres descubren que hay otros bebés iguales al suyo respiran aliviados y eso hace que te ocupes de él con mayor tranquilidad.

Diferencia entre un bebé demandante y un Bebé de Alta Demanda

Cuando hablamos de un bebé demandante y un Bebé de Alta Demanda, puede dar la sensación de que es lo mismo, y por eso hay muchas personas que opinan que los Bebés de Alta Demanda no existen, pero te voy a demostrar que no es lo mismo.

Yo siempre digo que hay tres tipos de bebés:

- Los tranquilos, esos que comen y duermen. De este grupo no conozco muchos pero sé que alguno existe.

- Los demandantes, que demandan brazos, teta y compañía de su mamá la mayor parte del día. A este grupo pertenecen la mayoría de bebés. Son bebés demandantes que piden lo que necesitan y cuando lo obtienen se quedan satisfechos.

- Los Bebés de Alta Demanda, que demandan a todas horas y hagas lo que hagas nunca es suficiente. A este grupo pertenecen nuestros hijos. Niños intensos que nunca están conformes, que piden y piden sin parar y aun así siguen necesitando más.

Los bebés "normales" entendiendo por normales a la mayoría de bebes, son bebés que demandan mucho sobre todo los primeros meses y lo hacen llorando. Lloran si tienen hambre, si tienen frío, si tienen sueño, si no quieren estar solos, si están nerviosos, y en la mayoría de los casos cuando cubres esa necesidad por la que están llorando, se calman.

Los Bebés de Alta Demanda no funcionan así.

Un Bebé de Alta Demanda llora a pesar de estar en brazos y de tener todas sus necesidades cubiertas.

Son bebés con una capacidad cognitiva mayor que les hace estar todo el día alerta investigando su entorno y eso les produce mucho estrés que tienen que liberar de la única manera que pueden: llorando.

Un Bebé de Alta Demanda tiene un sueño muy ligero y cuando consigues que se duerma, el más mínimo ruido le despertará (un estornudo, una tos...)...y llorará.

Un Bebé de Alta Demanda en un lugar con mucha luz, mucha gente y con ruido se pondrá muy nervioso debido a su sensibilidad sensorial que hace que perciban más estímulos y de manera más intensa que el resto de bebés. Esto le hará ponerse nervioso y llorará.

A un Bebé de Alta Demanda no le puedes dejar nunca en posición horizontal, ni solo. Siempre quiere estar en tus brazos (no en los de otra persona), y cuando digo siempre es siempre, de día y de noche, las 24 horas al día. No puedes dejarlo ni para ir al baño, ni en brazos de papá. Si lo haces llorará.

¿Ves más clara la diferencia entre un bebé demandante y un Bebé de Alta Demanda?

El mejor consejo es que te lo tomes con paciencia. Es una etapa dura y se hace muy difícil de llevar si no tienes apoyo, pero pasará. Cógele en brazos y proporciónale la seguridad y el cariño que necesita.

Mi hijo de Alta Demanda es un niño normal

En cierta ocasión participé en un interesante debate sobre si los Niños de Alta Demanda son niños "normales"

La verdad es que la palabra normal es un poco confusa, porque ¿qué es ser normal?

Podemos entender como normal, lo que hace la mayoría, o lo que alguien (pediatras, psicólogos, y otros especialistas) decide en un momento dado que es normal.

Yo creo que cada persona es única y que cada uno tenemos nuestras características.

Las mamás de Niños de Alta Demanda pasan por varias etapas:

- Al principio no saben lo que le pasa a su hijo. Están nerviosas, agotadas y asustadas porque piensan que tal vez su hijo está enfermo. Recordemos que los Bebés de Alta Demanda en su mayoría duermen poquísimo y lloran bastante.

- Una vez descartada la posibilidad de que tengan alguna enfermedad y si tienen la suerte de toparse con el término Alta Demanda, normalmente respiran aliviadas: sus hijos no están enfermos y ellas no tienen la culpa de que sus hijos no duerman y lloren. Conocen las características de los Bebés de Alta Demanda y ven que sus hijos coinciden en mayor o menor medida con ellas.

- El siguiente paso en muchas madres es de aceptación. Aceptan que su hijo es más intenso que otros y conviven con ello, unos días mejor otros días peor.

Pero otras mamás, piensan ¿y ahora qué?
Lo quieren gritar a los cuatro vientos: "Veis, ya os decía yo que no pasaba nada, que no era mi culpa".
Lamentablemente la mayoría de la gente que no pasa por esta experiencia de vivir con un Niño de Alta Demanda, no te va a entender, cuentes lo que cuentes.
Hay mamás que una vez conocidas sus características piensan que si sólo unos pocos niños son así es que no son normales.
Pero yo me pregunto:
¿Los niños tímidos son normales? Sí, solo que les cuesta más relacionarse con otras personas. Si lo tenemos en cuenta, podremos ayudar al niño no obligándole a hacer cosas si no está preparado, dándole tiempo cuando está en un sitio nuevo...
¿Los niños de altas capacidades son normales? Sí, solo que tienen más capacidades para algunas cosas. Si lo sabemos le podremos ayudar proporcionándole los estímulos que necesitan.
¿Los Niños de Alta Demanda son normales? Sí, solo son más intensos y más curiosos y por eso no quieren dormir porque quieren conocer el mundo que les rodea y por eso lloran porque se estimulan demasiado. Si conocemos estas características, podremos ayudarles no exponiéndoles a estímulos innecesarios, ayudándole a calmarse para que pueda dormir mejor....
Cada niño es diferente.

Así que no lo dudes, tu hijo es tan normal como cualquiera. Cada uno con sus peculiaridades.

Nosotras como madres debemos esforzarnos por conocer esas cualidades que hacen que tu hijo sea especial y actuar en consecuencia.

Conoce a tu hijo y disfruta de lo que le hace único.

Infografía Bebés de Alta Demanda

Con esta infografía, muy sencillita y en tono de humor (por lo de "*sigue probando*") verás de una manera muy gráfica cuál es la diferencia entre un bebé demandante y un Bebé de Alta Demanda.

BEBES DE ALTA DEMANDA

TU BEBE
LLORA
MUY FUERTE

ATIENDES
SUS NECESIDADES

SE CALMA?

SIGUE
PROBANDO

NO

SI

TIENES UN BEBE
DE ALTA
DEMANDA

TIENES UN BEBE
DEMANDANTE

www.crianzadealtademanda.com

BEBÉS DE ALTA DEMANDA

Los tres primeros meses de la maternidad suelen ser complicados. El bebé y la madre tienen que establecer un vínculo, adaptarse el uno al otro, y no solo eso sino que toda la situación familiar es nueva y requiere un aprendizaje y una adaptación.

El bebé no tiene horarios, para dormir ni para comer y los padres no reconocen aun los diferentes tipos de llanto de su bebé.

Generalmente al cabo de los tres meses la situación mejora y los padres empiezan a disfrutar de verdad del bebé. O al menos eso es lo que dicen mis amigas, familia, y la mayoría de las personas.

Pero ¿eso es así con los Bebés de Alta Demanda?

Por mi experiencia y la de personas cercanas te digo que no.

Los primeros meses de un Bebé de Alta Demanda no son nada fáciles y duran bastante más de tres. ¿Cuál es entonces la diferencia con otros bebés?

La mayoría de bebés necesitan un tiempo de adaptación al mundo, es normal, y mientras lo consiguen lloran para pedir que se atiendan sus necesidades más básicas que son: alimentarse, dormir, estar limpio y contacto físico. Cuando se atiende sus necesidades dejan de llorar, se quedan tranquilos e incluso se duermen en tus brazos, en la cuna, en el cochecito o donde toque en ese momento. Y los padres pueden dedicarse a hacer otras cosas, como pueden ser: pasear tranquilamente, descansar en el sillón, leer un libro, preparar la comida, limpiar la casa, darse una ducha….cada uno elige lo que hacer en ese tiempo en el que su bebé duerme plácidamente.

Y entonces ¿qué es lo que pasa con los Bebés de Alta Demanda?

Los Bebés de Alta Demanda son bebés muy despiertos, muchos de ellos desde el momento de nacer. Hay bebés que nacen con los ojos abiertos, observando el mundo con atención desde el minuto cero, algunos pasan bastantes horas mirándolo todo sin dormir.

Imagina lo que debe ser llegar a un sitio que desconoces en el que de repente todo es diferente a lo que conocías: hay mucha luz (vienen de un sitio oscuro), mucho ruido (en el vientre de la madre los sonidos estaban atenuados por el líquido amniótico), mucho frío (antes estaban a la temperatura corporal de su madre) y encima les mueven de un lado para otro y les tocan de manera más o menos brusca diferentes manos. ¿No crees que esto te resultaría perturbador? Ellos quieren saber qué es lo que pasa, por qué todo ha cambiado tanto, no quieren perderse nada, pero esa avalancha de estímulos debe ser difícil de gestionar.

La mayoría de los bebés recién nacidos pasan largos ratos durmiendo, de esta manera van alternando un ratito de estímulos con largos períodos de sueño en el que desconectan de todo ese jaleo.

Pero los Bebés de Alta Demanda no funcionan así. Ellos no quieren perderse nada. Esto va a ser así no solo los primeros días sino todo el tiempo. Durante el día no suelen dormir apenas y si lo hacen suele ser en siestas de 10 minutos en las que a la madre ni siquiera le da tiempo a pensar en hacer otra cosa, que suele ser querer descansar.

De noche no mejora la situación. Estos bebés no quieren perderse nada de lo que pasa y se van a resistir con uñas y dientes a dormir. Es curioso ver bebés de apenas unos días, que ves cómo se les están cerrando los ojos, hacer todo lo posible para que eso no pase, cogiéndose unos berrinches bastante considerables.

Esta curiosidad innata que traen los Bebés de Alta Demanda les hiperestimula en exceso y no son capaces de desconectar cuando están saturados, así que es muy difícil que se relajen lo suficiente para poder dormir, necesitan ayuda para hacerlo y aun así no es fácil de conseguir.

Desde que nacen tienen un temperamento bastante fuerte y una idea muy clara de lo que necesitan, así pues cuando tienen una necesidad básica que cubrir nos lo harán saber de una manera que no te deje lugar a dudas. Esto que quiere decir, pues que los Bebés de Alta Demanda lloran con una intensidad y un volumen tan alto que lo primero que piensas es que le ocurre algo grave. Una vez descartado que tenga ningún problema solo te queda atenderle con paciencia y amor.

Vamos a ver ahora algunos ejemplos de situaciones concretas y consejos para esos momentos.

1- Los Bebés de Alta Demanda por lo general no necesitan dormir mucho. El mundo que les rodea les parece demasiado interesante como para perdérselo. Cuando por fin les entra el sueño, no pueden conciliarlo fácilmente ya que se sobreexcitan tanto que les cuesta relajarse para dormir y necesitan ayuda para hacerlo: brazos, teta, paseos....

Una vez dormidos siguen estando en estado de alerta y cualquier leve ruido les puede despertar. La mejor opción es dormir cerca de él para poder atenderle sin tener que levantarte un montón de veces.

De día descansa cuando él lo haga. Procura no llevarle a sitios ruidosos, con mucha gente o mucha luz para evitar que se estimule demasiado. En definitiva: Adáptate a él.

La falta de sueño es el mayor problema de los padres y sobre todo de las madres de Bebés de Alta Demanda. Pasar tantos meses durmiendo pocas horas y despertando cada poco tiempo (3 horas, 2 horas, 1 hora) es agotador. Si practicas el colecho, cuando el bebé se despierte te sentirá cerca y podrá conciliar el sueño con mayor rapidez.

Ofrécele el pecho si toma lactancia materna ya que necesita comer a menudo y además le dará seguridad.

Evita que se estimule mucho durante el día.

Descansa siempre que puedas.

2- Los Bebés de Alta Demanda son muy intensos. Su llanto es muy fuerte.

Comprueba que todas sus necesidades básicas estén cubiertas: alimentación, sueño, frío/calor…si todo está bien, coge a tu niño en brazos y acúnalo, paséalo en brazos o en un portabebés, dale el pecho, háblale en voz bajita, haz respiraciones profundas para relajarte y relajarle a él, vete a una habitación oscura y en silencio o bien a la calle. Puede ser que esté demasiado estimulado o aburrido, o nervioso, o que tenga sueño y no logre dormirse.

Ve probando hasta que esté más tranquilo. Lo importante es que sienta que estás con él, que le cuidas, le proteges y le das todo tu amor. Si tú te pones nerviosa él lo notará y llorará aún más alto. Relájate y no te centres en nada más.

3- Los bebés en general deberían mamar a demanda, es decir siempre que quieran. La leche materna se digiere muy rápido y su estómago es pequeñito, así que es normal que mamen a menudo. Los Bebés de Alta Demanda maman aún con más frecuencia, ya que ese acto les proporciona la seguridad del regazo de mamá, les calma y les ayuda a conciliar el sueño. Durante los primeros meses es habitual que te pases largas horas dando el pecho. Si la postura es correcta y no hay ningún problema que haga pensar que no está tomando suficiente leche, no te debes preocupar ya que es una necesidad vital que los Bebés de Alta Demanda tienen. Procura centrarte en el bebé y no pretendas hacer otras cosas ya que eso sólo te generará angustia.

4- A los bebés les suele gustar el baño y además les relaja y luego se quedan dormiditos, pero los Bebés de Alta Demanda suelen comportarse de manera diferente. No les gusta los cambios y el baño es un gran cambio ya que les dejamos desnudos, pueden sentir frío, luego les metemos en el agua y encima les toqueteamos por todo el cuerpo con la esponja. Demasiado para sus sentidos. Si lo que pretendes es que se relaje, así no lo vas a conseguir. Todo este proceso les va a poner muy nerviosos, así que hazlo en el menor tiempo posible y no lo hagas a diario, no es necesario (lavarles a diario con jabón es incluso contraproducente para su delicada piel)

Si mantienes una buena higiene en cada cambio de pañal y le limpias de vez en cuando la cara y las manos, podrás alargar el momento del baño unos días.
Cuando termines dedícale una buena sesión de mimos, brazos, teta o lo que te pida, necesita bajar su nivel de estrés.

5- Los primeros meses las madres podemos sentir temor a salir de casa solas con nuestro bebé y que éste se ponga a llorar de la manera tan intensa como lo hacen los Bebés de Alta Demanda. Lo mejor que podemos hacer es calmarnos nosotras, pensar que lo mismo puede llorar en casa que en la calle y podemos hacer las mismas cosas para consolarlo.
Piensa solo en él y no te preocupes por el resto de la gente, no escuches sus consejos que seguro que serán bienintencionados pero poco te servirán en ese momento. Sal a la calle con confianza y todo irá sobre ruedas.

6-Una de las características de los Bebés de Alta Demanda es la necesidad de contacto físico continuo, y esto quiere decir día y noche. Normalmente exclusivo de mamá.

Durante el día te será prácticamente imposible dejarle en ninguna superficie horizontal, es decir cuna o cochecito, por lo que te vendrá muy bien usar un portabebés.

Ahora mismo existen en el mercado una amplia variedad de portabebés respetuosos con la fisiología del bebé y con tu espalda. Si puedes acercarte a algún sitio donde impartan talleres de porteo, conocerás los distintos tipos de portabebés que hay y así descubrirás cuál es el que mejor se ajusta a vuestras necesidades: tuyas y del niño.

Hay portabebés que se pueden utilizar desde el primer día, pero siempre debes asegurarte que el niño esté colocado de manera correcta ya que si está incómodo no querrá ir en él.

Cuando encuentres el portabebés ideal para vosotros, tu vida dará un cambio espectacular. Puedes usarlo tanto en casa como en la calle. En casa te permitirá hacer pequeñas labores mientras tu hijo va tranquilo pegado a ti, aunque mi consejo es que los primeros meses no deberías hacer mucho para no gastar demasiada energía.

En la calle también te resultarán muy útiles ya que a la mayoría de Bebés de Alta Demanda no les gusta ir en el carrito. Necesitan ir pegados a tu cuerpo para sentirse seguros, además de que en esa posición y desde esa altura pueden ver el mundo que les rodea.

Esta necesidad de contacto continuo a veces puede resultar muy difícil de llevar, sobre todo cuando son más grandecitos y ya caminan. Para jugar quieren estar contigo, pero no al lado sino encima, lo mismo para comer, para pasear, incluso a veces para dormir y esto puede ser agotador.

En estos casos es conveniente buscar momentos para ti, algún ratito por pequeño que sea, que te sirva para descansar un poco, y es que a parte del peso del bebé que puede darnos dolores de espalda, de piernas, de brazos, la sensación de no tener espacio literal puede llegar a ser agobiante.

Piensa que es solo una etapa, que poco a poco se van soltando y quieren cada vez hacer más cosas solos y aunque siempre van a buscar tu presencia la situación será más llevadera.

7- Mucha gente piensa que los bebés son muñecos y en cuanto ven uno quieren cogerlo y pasarlo de mano en mano. Los Bebés de Alta Demanda son muy sensibles y no les gustan los cambios, además desde el primer momento están más despiertos y se enteran de todo, con lo cual que una persona desconocida le arrebate de los brazos de su madre no suele gustarle nada y llorará con todas sus fuerzas. Nosotras como madres debemos mostrarnos firmes y no permitirlo, lo primero es nuestro hijo y debemos procurar siempre su bienestar. Ningún niño debería ser pasado de mano en mano en contra de su voluntad.

8- Los Bebés de Alta Demanda se hiperestimulan con facilidad, por eso debemos intentar que las tardes sean tranquilas, para que no se pongan demasiado nerviosos a la hora de dormir. A partir de cierta hora, conviene evitar los sitios ruidosos, con demasiada luz, incluso algunos juegos que puedan estimularles demasiado. Es mejor estar tranquilo, hablar con voz normal incluso un poco bajita y hacerle juegos que le relajen: canciones tranquilas, masajes....

9- Los Bebés de Alta Demanda no toleran muy bien las enfermedades, ni las medicinas ni los médicos. Cualquier cambio para ellos les supone algo nuevo y no se adaptan bien, si encima se sienten mal lo único que aceptarán serán tus brazos. Cualquier pequeño rasguño ellos lo magnifican, probablemente porque su gran sensibilidad hace que para ellos no sea insignificante. No niegues sus sentimientos, acompáñale, pues en ese momento te necesita más que nunca. Cuando tengas que darle una medicina o acudir al médico, ármate de paciencia porque estos bebés se rebelan con todas sus fuerzas.

Si tienes que poner a tu hijo una vacuna intenta que te dejen tener tú al bebé encima y si es posible darle el pecho. Eso le hará sentirse más seguro.

Pasa el mal trago lo más rápido que puedas y luego daros muchos abrazos y muchos besos. Sobre todo que sepa que tú estás con él.

10- Viajar con Bebés de Alta Demanda puede ser una auténtica tortura. Como necesitan contacto físico continuo el estar alejados del cuerpo de su madre les produce mucho estrés. Además se encuentran atados, sin poder moverse con libertad y eso no les gusta y les pone nerviosos.

Los Bebés de Alta Demanda tampoco suelen dormirse en el coche como hacen otros niños.

La verdad es que ante esta situación no se puede hacer gran cosa.

Si puedes evitar el coche, sería la mejor solución para todos. Ir caminado a los sitios, en autobús o en tren puede ser una opción.

Si tienes que utilizar el coche si o si, ármate de paciencia porque hará todo el trayecto llorando a pleno pulmón hasta que lo cojas. Piensa que será una etapa y que cuando sea un poco más grandecito se entretendrá mirando dibujos o jugando.

11- Los Bebés de Alta Demanda se ponen muy nerviosos cuando reciben demasiados estímulos. Procura evitar sitios ruidosos, con mucha luz y mucha gente, como centros comerciales, bares, fiestas populares.....Su gran sensibilidad sensorial les hace recibir tantos estímulos a la vez que no pueden gestionarlos y reaccionarán llorando desconsoladamente.

12- A la mayoría de bebés les gustan los masajes, les relaja las caricias de su madre o de la persona que les está dando el masaje, les proporciona una idea de los límites de su cuerpo y eso les da seguridad. Pero los Bebés de Alta Demanda, en este caso tampoco tienen un comportamiento típico, y es que en el momento de un masaje se dan varias circunstancias difíciles para ellos:

- Separación parcial del cuerpo de su madre. Aunque el masaje es contacto físico no sienten la protección total que sienten cuando están literalmente pegados al cuerpo de la madre y eso para ellos es una necesidad.
- Están tumbados que es una posición que no les gusta en absoluto.
- Están desnudos, otro gran cambio que no llevan nada bien.
- Debido a su elevada sensibilidad sensorial, el masaje puede ser demasiado estimulante para sus sentidos.

Así que si ves que a tu hijo no le gustan los masajes , no le fuerces, el masaje debe ser un momento agradable para los dos, sino no sirve para nada.

13- Los Bebés de Alta Demanda son muy precoces así que desde que nacen van a hacerte saber cuáles son sus necesidades mediante su intensa mirada o su explosivo llanto.

También puedes apreciar en ellos a edades muy tempranas indicios de frustración. Esa precocidad de la que antes te hablaba les lleva a querer hacer cosas para la que su cuerpo aún no está preparado, como sentarse, coger objetos, ponerse de pie…..Cuando comprueban que no pueden realizarlo se frustran mucho y tienen intensas rabietas, ya desde bebés.

Si quieres entender a tu bebé solo tienes que escucharlo y observarlo y él te va a decir claramente lo que necesita.

Como en todas las etapas, el amor, la comprensión y el acompañamiento serán tus mejores aliados.

14- Esa frustración, esa búsqueda constante de estímulos esa necesidad de observar todo lo que le rodea les puede provocar cierta hiperactividad, que solo pueden calmar un poco con contacto físico.

RESUMIENDO

Los primeros meses de un Bebé de Alta Demanda se van a caracterizar por:

- *Dormir poco de día y de noche.*
- *Contacto físico continuo las 24 horas del día.*
- *Llanto fuerte.*
- *Gran intensidad.*

Muchos Bebés de Alta Demanda cuando aprenden a andar se vuelven un poco más independientes ya que pueden explorar por sí mismos y muchas madres aseguran que su vida mejora bastante.

En relación al sueño, la mayoría tendrán que esperar aún bastante para dormir una noche del tirón. Muchos empiezan a mejorar alrededor de los 2 años pero lo hacen poco a poco.

Para que tengas claro cómo evoluciona el sueño en los bebés te adjunto unos artículos que publiqué mi blog www.crianzadealtademanda.com y que te ayudarán a entender el proceso evolutivo que sigue el sueño.

El sueño en los Bebés de Alta Demanda

Muchas mamás se preocupan por el sueño de sus bebés: si duermen poco, si les cuesta dormirse, si sólo lo hacen si están acompañadas, si despiertan a menudo...

Para no preocuparnos por el sueño de nuestros bebés es importante que conozcamos como son los procesos del sueño.

El sueño es un proceso evolutivo, en el que a medida que pasa el tiempo se va aquiriendo un sueño cada vez más similar al adulto.

Según la psicóloga Rosa Jové, el sueño se sincroniza con las necesidades que tenemos en cada momento de nuestra vida. Esto ¿qué quiere decir?

Los bebes cuando son muy pequeños necesitan comer frecuentemente para evitar hipoglucemias y crecer, por lo tanto no pueden tener un sueño muy continuado y necesitan pequeñas siestas a lo largo de las 24 horas del día para poder despertarse frecuentemente y comer.

Entonces el sueño a estas edades favorecerá esa necesidad de alimentarse a menudo.

Según van creciendo cambian sus necesidades: van adquiriendo las fases del sueño adulto poco a poco, introducen la alimentación complementaria, dan sus primeros pasos, controlan esfínteres...y todo esto hace que su sueño siga siendo inestable.

En su libro: "Dormir sin lágrimas" Rosa Jové, nos explica con todo detalle el proceso natural del sueño, y las distintas etapas que pasan los niños hasta adquirir un sueño similar al adulto.

Los Bebés de Alta Demanda suelen estar siempre alerta, buscando estímulos constantemente y esto da lugar a dos cosas:

Por un lado no quieren dormir para no perderse nada del interesante mundo que acaban de conocer y por otro se estimulan tanto que no consiguen dormirse.

Para conciliar el sueño necesitan relajarse y esto cada uno lo conseguirá de diferentes maneras pero por lo general necesitan acompañamiento.

Algunos pueden relajarse si son acunados, con una nana, con el pecho, en una habitación en penumbra y en silencio, a veces necesitan todo esto a la vez.

No tengas dudas en ofrecerle todo tu apoyo ya que así le estarás ayudando en una etapa de su vida en que lo necesita. No tienes que enseñarle a dormir, sabe hacerlo, sólo necesita un poco de ayuda hasta que vaya adquiriendo las fases de sueño que le permitirán dormir como lo hacemos los adultos. Mientras tanto acompáñale y disfruta.

Recuerda que el sueño es un proceso evolutivo que requiere de una madurez que se alcanza paulatinamente a lo largo de la primera infancia. Los niños necesitan sentirse apoyados y acompañados a lo largo de este proceso. La lactancia materna y el colecho contribuyen a la evolución natural del sueño infantil.

Evolución del sueño en los Bebés de Alta Demanda

Los Bebés de Alta Demanda desde el momento que nacen están más despiertos que otros bebés y miran su entorno con atención, no quieren perder detalle del nuevo mundo que acaban de conocer.

Además son muy sensibles a los estímulos y se sienten abrumados en sitios en los que hay mucho ruido, mucha gente, mucho calor, mucho frío, mucha luz....

Todo esto hace que nos necesiten cerca para sentirse seguros y para no perderse nada de lo que pasa a su alrededor.

Si duermen se pierden las cosas.

Recuerdo a mi hija con apenas unos días, como después de llevar llorando unas cuantas horas, en brazos cambiándola de postura, acunándola, dándola el pecho y haciéndo todo lo que se nos ocurría llegaba un momento en que se le cerraban los ojos y cuando pensábamos: YA ESTÁ, abría los ojos y empezaba todo de nuevo. Recuerdo en esos momentos de agotamiento haber comentado que parecía que se resisitía a dormir. Y es que realmente es lo que hacen, para ellos el dormirse les supone un gran cambio que no son capaces de aceptar. Para los Bebés de Alta Demanda el dormir les supone una pérdida de tiempo, y eso es algo que sigue con ellos durante mucho tiempo y cuando son mayores y son capaces de verbalizar lo que sienten te lo dicen claramente.

En esta situación, los primeros meses de un Bebé de Alta Demanda son agotadores. Las posibles soluciones pasan por ofrecerle mucho contacto físico de manera que se sientan bien y en algún momento decidan dormir.

Será mucho más fácil que un Bebé de Alta Demanda se eche alguna siesta si lo llevas pegado a ti en un portabebé, o si se duerme en tus brazos, o bien pegadito a ti en la cama (colecho)

Pretender que un Bebé de Alta Demanda duerma en una cuna o en un cochecito te resultará en la mayoría de los casos misión imposible.

Leer esto te puede parecer un poco deseperanzador pero la buena noticia es que el sueño sigue un proceso evolutivo y que aunque a nuestros niños les va a costar más, TODOS van a conseguir dormir de un modo similar a los adultos, es decir, en su cama y toda la noche del tirón.

Aunque es probable que deje de echarse siestas antes de haber cogido el hábito de hacerlo y que dormir nunca sea su prioridad, si que es cierto que poco a poco, van alargando las horas que duermen seguido y un día te sorprenden durmiendo 6 ó 7 horas seguidas, y así poco a poco aunque no de una manera progresiva, llegará un momento en que dormirá bien.

Así que cuando te encuentres agotado por la situación, piensa que es sólo una corta etapa en la vida de tu hijo y que es cuestión de tiempo que todos podais descansar.

El sueño, esa gran preocupación en los padres de los Bebés de Alta Demanda

El sueño es un proceso evolutivo.

Esta premisa debemos tenerla muy clara cuando nos encontramos frente a un Niño de Alta Demanda.

Pero ¿qué quiere decir exactamente eso de que el sueño es un proceso evolutivo? Pues quiere decir que todo niño sano, aunque actualmente presente despertares frecuentes o algún problema a la hora de acostarse, va a dormir correctamente algún día.

El sueño va unido a nuestro desarrollo y por lo tanto va cambiando en función de nuestras necesidades en cada momento, pero estos cambios se presentan poco a poco de una manera casi imperceptible.

El sueño de una persona adulta no es continuo sino que se divide en fases en las que el sueño es más profundo y otras fases en las que es más superficial. a lo largo de la noche vamos pasando de uno a otro varias veces, formando ciclos. Cada ciclo tiene una duración diferente, desde unos 50 minutos en el bebé a unos 90-120 minutos en el adulto.

Al cambiar de cada ciclo se producen microdespertares. Durante ellos los adultos cambiamos de posición, nos tapamos, nos destapamos...y seguimos durmiendo, sin percatarnos de ellos.

En el caso de los bebés no es así, ellos se despiertan del todo y no "saben" dormirse es algo que irán aprendiendo con el paso del tiempo, igual que aprenderán a caminar y a hablar.

Sus fases de sueño tampoco siguen los mismos patrones que los adultos, ya que ellos tienen unas necesidades diferentes.

Los bebés pequeños se despiertan varias veces en la noche para asegurarse la supervivencia: por una parte necesitan alimentarse frecuentemente para evitar hipoglucemias y por otra comprobar que estamos ahí para protegerles (biológicamente son iguales que los bebés de la época de las cavernas).

Por eso van alternando breves periodos de vigilia con periodos de sueño.

Cuando los bebés crecen cambian sus necesidades y por lo tanto su sueño, pero esto ¿quiere decir que van a dormir mejor? pues depende. Hasta los 2 años los bebés pasan por una serie de etapas "estresantes": introducción de alimentos, angustia de separación, caminar solos, salida de dientes....son los primeros pasos hacia su autonomía y eso les va a hacer estar más inquietos lo que se va a traducir en la calidad de su sueño y del nuestro.

Según mi experiencia, a partir de los 2 años y muy poco a poco el sueño va mejorando, pero no de una manera lineal, es decir puede que un día duerma 6 horas del tirón, lo cual está muy bien, y luego pase un par de meses despertando cada hora y media.

No tenemos que perder de vista que los Niños de Alta Demanda son de por si muy inquietos, curiosos, activos...y todo eso va a influir en su sueño. Así que debemos estar muy pendientes de las actividades que tienen durante el día nuestros niños y también propiciar un buen ambiente antes de ir a dormir.

Si tu hijo tiene menos de dos años y aún se despierta a menudo, no te preocupes, es del todo normal. Piensa que cada día estás un poco más cerca de conseguir una noche seguida de sueño y el día que eso ocurra verás cómo lo disfrutas.

Si quieres profundizar en el tema te recomiendo el libro de la psicóloga Rosa Jové: **"Dormir sin lágrimas"**

NIÑOS DE ALTA DEMANDA

El primer año de un Bebé de Alta Demanda suele ser muy duro. La falta de sueño y la elevada necesidad de contacto físico hacen que las madres pasen por períodos muy difíciles de llevar y de entender por alguien que no está viviendo lo mismo que tú.

Pero los Bebés de Alta Demanda crecen, y alrededor del año o un poco antes comienzan a dar sus primeros pasos y baja un poco su necesidad de contacto físico continuo.

Algunas madres hasta nos hemos acostumbrado a no dormir más de 3 horas seguidas, y aunque suspiramos por dormir una noche del tirón, no lo llevamos tan mal como al principio.

Entonces se diría que la situación mejora, ¿o no?

Yo más que mejorar te diría que las circunstancias cambian.

Es verdad que se vuelven un pelín más independientes pero a cambio comienzan a tener unas fuertes rabietas, y a oponerse a TODO lo que tú le propones: cambiar el pañal, lavar las manos, poner el abrigo…..

También al tener más conciencia de sí mismos y de lo que les rodea se dan cuenta de los peligros y empiezan a tener muchos miedos.

Algunos niños se vuelven extremadamente prudentes y se puede observar claramente cómo piensan antes de hacer las cosas sopesando los pros y los contras de cada situación. Los Niños de Alta Demanda son capaces de pensar y de razonar con claridad desde muy pequeños.

Muchos empiezan a hablar muy pronto y con un amplio vocabulario, lo cual está muy bien porque te pueden explicar lo que les pasa, y eso hace que mejore mucho la convivencia, el poder hacerse entender les abre muchas puertas. Pero su curiosidad extrema puede hacer que se pasen todo el día haciéndote preguntas y repitiendo sin parar todo lo que oyen. Esto puede parecer bueno y gracioso, pero te aseguro que cuando es así todo el día llega un momento en que el cerebro de las madres se colapsa.

Y es que si antes necesitaban nuestros brazos para conocer el mundo, ahora necesitan saciar sus ansias de saber preguntando y preguntando.

También el Dr. Sears nos ofreció una lista de características para los Niños de Alta Demanda. Según sus palabras: *"las características que te dejan exhausto cuando tu hijo es un bebé, se transformarán más adelante en excelentes cualidades"*.

Características de los Niños de Alta Demanda por el Dr. Sears:

- Ocupado
- Muy nervioso
- Exhausto
- Valiente
- Vigoroso
- Testarudo
- Impaciente
- Fuerte voluntad
- Obstinado
- Despierto
- Desafiante

- Expresivo
- Propenso a rabietas
- Interesante
- Sensible
- Amoroso

Según mi experiencia durante bastante tiempo se solapan las características de los Bebés y de los Niños de Alta Demanda.
Igual que en el apartado anterior vamos a ver algunos casos concretos y qué se puede hacer para solucionarlo y llevar mejor el día a día.

1- La elevada intensidad emocional de los Niños de Alta Demanda hace que se desborden fácilmente y pierdan el control. Ellos aún no saben controlar sus emociones. Somos nosotros los que debemos estar con ellos, acompañándoles para que recobren su equilibrio emocional.

2- Las cabecitas de los Niños de Alta Demanda van a mil por hora, siempre están funcionando. A veces hablan muy muy rápido para poder contar todo lo que están pensando. Imaginan, inventan, cantan, preguntan......es agotador, incluso para ellos, ya que ese exceso de actividad mental les hace muy difícil que puedan relajarse para dormir. Por eso es tan importante que desde pequeñitos les proporcionemos herramientas a través de juegos que les ayuden a bajar ese nivel de activación. (Veremos algunas más adelante en el capítulo correspondiente a la relajación)

3- Según van creciendo los Niños de Alta Demanda también va creciendo su tendencia al perfeccionismo. Es importante ayudarles a gestionarlo porque si no puede convertirse en un problema.

Normalmente el perfeccionismo está asociado a una inseguridad y autoestima baja, así que debemos trabajar sobre ello proporcionándoles seguridad, pidiéndole opinión, incluyéndole en la toma de decisiones y siendo flexibles.

Hazle saber que le quieres en todo momento y que no pasa nada si algo no le sale perfecto.

4- Los Niños de Alta Demanda necesitan mucha atención por nuestra parte. Cuando crecen, poco a poco se van haciendo más independientes pero nos siguen necesitando mucho. A diario entre todas las cosas que tenemos que hacer y si además tenemos más hijos puede pasar que no le dediquemos la atención que necesita.

Mi consejo es que de vez en cuando, a poder ser cada día, dediques un ratito en exclusiva a tu hijo. Un momento en el que sólo estéis él y tú, prestándole toda tu atención. Estoy segura que tu hijo lo agradecerá.

5- Los Niños de Alta Demanda tienen una gran imaginación, son capaces de recrear todo un mundo en su cabeza. Escúchales con atención, te sorprenderán las cosas que son capaces de crear. Una buena idea es escribir todo lo que se les ocurre en un cuaderno. Seguro que de mayores les hace ilusión leer las canciones, cuentos e historias que inventaron de pequeños

6- Los Niños de Alta Demanda suelen comportarse de una manera más madura que otros niños de su edad, por eso suelen relacionarse mejor con adultos que con otros niños. Los adultos que les escuchen de verdad, descubrirán un gran vocabulario y una gran capacidad de razonamiento en estos niños y podrán tener conversaciones de lo más interesantes con ellos.

7- Si por algo sorprenden los Niños de Alta Demanda es por la seguridad que tienen en sus palabras y en sus actos. Tienen las cosas claras desde muy pequeñitos y de mayores lo sabrán verbalizar con un vocabulario amplio y apropiado. Si no estás de acuerdo con ellos, ten por seguro que no se darán por vencidos fácilmente. Ellos lo tienen muy claro.

8- Los Niños de Alta Demanda suelen hablar desde una edad temprana y con un vocabulario muy amplio. Aprovecha esta maravillosa cualidad para disfrutar de charlas interminables sobre infinidad de temas, ya que su gran curiosidad les hace interesarse por temas de los más variopintos. Conversar con ellos es todo un lujo, vamos a disfrutarlo, no todo van a ser cosas difíciles.

También puede pasar que tarden en hablar y de repente cuando lo empiezan a hacer lo hagan a la perfección. Esto está relacionado con esa tendencia al perfeccionismo de la que hemos hablado antes. Muchos niños no hacen las cosas hasta que no están seguros de hacerlas perfectas y eso incluye: hablar, leer y escribir por poner algunos ejemplos.

9- El día a día con un Niño de Alta Demanda puede llegar a ser agotador ya que suelen poner resistencia a prácticamente cualquier cosa que les propongas: lavarse las manos, vestirse, comer, salir, ir a la cama....Para ellos nunca es buen momento, siempre están haciendo otra cosa mejor o sencillamente no quieren hacerla. El diálogo es muy importante en la relación con estos niños ya que no aceptan cualquier cosa, necesitan razones. Y también es recomendable una dosis enorme de paciencia. Si pierdes la paciencia y elevas el tono de voz responderán con más resistencia aún.

10- Los Niños de Alta Demanda no toleran muy bien los cambios. Necesitan un tiempo más o menos largo para adaptarse a la nueva situación. Para hacerle más fácil las transiciones procura explicarle con antelación las cosas, con tranquilidad y con todas las explicaciones necesarias. Necesitan asimilar bien toda la información antes de aceptar. Por si aún no te habías dado cuenta, tener un Niño de Alta Demanda va a hacer que desarrolles tus cualidades de comunicación y paciencia. Disfruta de la oportunidad que te brinda tu hijo de crecimiento personal.

11- Desde bien pequeños, los Niños de Alta Demanda se comportan de una manera más madura que la que corresponde a su edad, por eso les viene bien que les vayamos dando responsabilidades y les dejemos tomar decisiones (elegir su ropa, si prefiere bañarse o ducharse...), eso les hará sentirse mayores e importantes y estaremos aumentando su autoestima.

12- Es muy importante respetar siempre el ritmo de los niños. En el caso de los Niños de Alta Demanda esto es más importante aún ya que son extremadamente sensibles y sentirse obligados a hacer algo para lo que no se encuentran preparados puede suponer una gran fuente de estrés y de frustración.

Además debemos tener en cuenta que los Niños de Alta Demanda son por lo general más maduros, es decir que tienen cierta disincronía entre su edad cronológica y su edad mental. Esto puede dar lugar a situaciones contradictorias y que lo mismo les tratemos como niños en momentos en los que ellos se sienten mayores y al revés, que les estemos pidiendo más responsabilidades de las que en ese momento pueden asumir.

Como siempre lo mejor es la observación de tu hijo, de sus necesidades y respetarle siempre.

13- Los Niños de Alta Demanda son por lo general muy exigentes consigo mismos y con los más allegados. Suelen tener comportamientos de todo o nada. Esto está relacionado con su tendencia al perfeccionismo y también con su autoestima.

Tenemos que vigilar de cerca la imagen que tienen de sí mismos ya que debido a su elevada sensibilidad todo les puede afectar mucho y esto puede dañar su autoestima.

Debemos enfocarnos en sus cualidades en lugar de centrarnos en las cosas que no hacen bien, de esta manera estaremos proporcionándoles seguridad y eso hará que mejore su autoestima.

14- El sueño empieza a mejorar alrededor de los 2 años, y muy poco a poco van alcanzando un sueño similar al adulto.

Llegará un momento en el que dormirán del tirón, aunque su sueño puede seguir siendo algo inquieto debido a la gran actividad tanto física como mental que tienen durante el día.

Para ello lo mejor es propiciar un ambiente tranquilo antes de dormir de manera que vayan bajando el nivel de excitación: luz tenue, hablar en voz calmada y baja, nada de televisión y hacer alguna actividad relajante como puede ser pintar juntos un mandala.

15- Los Niños de Alta Demanda son activos, inquietos y enérgicos, esto suele traducirse en un exceso de energía que a veces sobre todo a la hora de acostarse les lleva a correr de un sitio para otro de una forma un poco descontrolada.

Para no llegar a este exceso de activación durante el día debemos estar pendientes de que no reciban un exceso de estímulos, ni se cansen demasiado.

Estaría bien proporcionarles los medios adecuados para que canalicen esa cantidad de energía bien en forma física: correr, saltar, nadar, bien con actividades de tipo cognitivo que les hagan pensar.

16- Un aspecto interesante en los Niños de Alta Demanda es su sentido de la justicia. Suelen ser niños muy empáticos que se ponen rápidamente en el lugar del otro y sienten las mismas cosas que ellos de una manera muy intensa.

Se hacen preguntas muy profundas sobre la vida, sobre los sentimientos y sobre lo que está bien o mal, y podrás tener interesantes debates sobre lo que es justo y lo que no. Los Niños de Alta Demanda no se conforman con cualquier explicación, siempre necesitan saber más datos y entender el porqué de las cosas.

Cuando tienes tiempo de argumentar con ellos puedes llegar a temas muy interesantes, pero cuando necesites que hagan algo rápido vas a tener un problema. Estos niños se toman su tiempo hasta tener todo claro y tú vas a tener que desplegar toda tu paciencia y volverte más flexible todavía.

Ten claro que no van a aceptar un No, porque si, sin más explicaciones.

Igualmente no van a aceptar una autoridad vertical en la que el adulto manda y el niño obedece.

Son muy buenos negociantes. (En el capítulo que trata sobre la comunicación, profundizaremos más sobre este tema).

17- El tema de los médicos mejora un poco respecto a cuando eran bebés, siempre que les expliques claramente lo que va a pasar y se sientan tratados con respeto.

No mejora tanto el tema de tomar medicinas, siguen siendo bastante reacios a tomarlas por mucho que les expliques la situación. Y en este punto yo tengo una teoría y es que muchas medicinas tienen un sabor bastante amargo que a muchos niños les hace incluso vomitar. No lo hacen a propósito simplemente su sentido del gusto está más desarrollado y no tolera ese sabor (hipersensibilidad sensorial). Es conveniente seleccionar medicinas con sabores más agradables.

18- Un tema al que debemos prestar atención es a los alimentos con elevado contenido en azúcar, ya que éste puede elevar su nivel de actividad. Limita este tipo de alimentos sobre todo en las últimas horas del día, para que no se pongan más nerviosos a la hora de conciliar el sueño. (En el capítulo dedicado a la relajación veremos más consejos para conseguir un ambiente tranquilo que favorezca el descanso).

19- En general el tema de la alimentación puede ser complicado por varios motivos:

- Suelen ser niños con mucha necesidad de contacto físico por lo que la lactancia para ellos es muy importante y necesaria, ya que además de aportarles alimento, les da la seguridad que necesitan. Esto da lugar a que tomar el pecho se convierta con el paso del tiempo en una actividad cada vez más habitual y la prefieran a la comida. No es raro ver niños que hasta el año apenas toman alimentos sólidos. (relacionado con esto también está el tema del destete que en estos niños suele ser más complicado por lo que hemos dicho de lo necesaria que es para ellos la "teta")

- Otro motivo que dificulta su alimentación es que necesitan mucho movimiento y para ellos permanecer sentados en la trona es desesperante.

En este caso el mejor consejo es que te relajes, el pecho le sigue alimentando y poco a poco se irá interesando por otros alimentos. Es importante que coma con el resto de la familia y que le dejes investigar con la comida, que pueda coger pequeños trozos y llevárselos a la boca, bueno no te voy a engañar, también van a ir al pelo, al suelo….pero eso les tendrá entretenidos un rato y además es fenomenal para su autonomía y su autoestima.

20- Quizás el tema más difícil en relación a los Niños de Alta Demanda sea el de las rabietas, ya que estas se producen muy pronto, en torno al año ya tienen unas explosiones muy fuertes que son muy similares a las rabietas, y además son muy intensas.

Si bien la rápida adquisición del lenguaje hace que se expliquen mejor y puedan decirnos claramente lo que necesitan, también es verdad que su elevada intensidad emocional, les hace desbordarse rápidamente.

Debemos tener claro que las rabietas son una etapa más en el desarrollo de los niños y la mayoría pasan por ellas.

¿Qué podemos hacer para sobrellevarlas mejor?

Lo mejor es la prevención. Muchas rabietas se producen cuando los niños están cansados, tienen hambre, no les hacemos caso o hacemos algo que no se esperan. Casi todas estas situaciones se pueden prevenir si estamos atentos:

- Ofrecerles comida sana antes de que estén hambrientos.

- Bajar el ritmo antes de que esté agotado, si se les pasa el sueño es mucho más fácil que la situación desemboque en una rabieta.

- Tener en cuenta que si estamos hablando por teléfono, o con otra persona y no les prestamos atención, luego nos van a necesitar durante un buen rato en exclusiva.

- Los Niños de Alta Demanda no llevan demasiado bien los cambios, así que una buena manera de hacerle saber que vamos a cambiar de actividad es avisándole con antelación, para que vaya haciéndose a la idea. Si le metemos prisa, o no le avisamos de lo que vamos a hacer, se pondrá nervioso y protestará con fuerza.

- Llevar a los niños de un lado a otro corriendo puede aumentar su nivel de nerviosismo, es mejor hacer menos cosas de manera más tranquila.

A veces aun teniendo cuidado se presenta la rabieta y entonces ¿cómo afrontarlas?

- Recuerda que tú eres el adulto y no puedes reaccionar con otra rabieta. La tranquilidad es importante para que tú puedas acompañarle y para que el niño no se ponga más nervioso todavía.

- No ridiculices su comportamiento.

- Si estás en público, céntrate en tu hijo y olvídate de la gente. Si te sientes observada, aléjate de allí, con tranquilidad sin gritar a tu hijo. Cuando estéis a solas y más serenos podréis hablar de lo sucedido, antes el niño no está en condiciones de escucharte.

CÓMO LLEGAR A ELLOS: COMUNICACIÓN EFICIENTE

La convivencia con Niños de Alta Demanda puede ser muy interesante pero también muy difícil. Son niños muy sensibles, empáticos, testarudos, perfeccionistas y con un gran sentido de la justicia. Si logramos llegar a ellos, conectar con su emociones y entenderles la convivencia será mucho más agradable para todos.

Una de las claves para una convivencia sana es aprender relativizar las cosas y ser flexibles.

Muchas veces nos obcecamos con algo sin tener claro el porqué, solo sabemos que queremos que sea como nosotros decimos y ni nos paramos a razonar las posibles soluciones. Esto con nuestros niños solo nos va a traer conflictos porque para ellos el: "porque yo lo digo" no les vale.

Vamos a ver algunas situaciones concretas y qué podemos hacer en ellas.

1- El tono de voz y el volumen que empleamos con nuestros hijos es muy importante y va a ser clave en su reacción. Si usamos un tono de voz fuerte o le hablamos de una manera rápida, el niño va a reaccionar poniéndose nervioso y por tanto actuando de manera diferente a la que esperamos de él.

Si por el contrario utilizamos un tono de voz más suave, y hablamos más despacio, el niño va a reaccionar de una manera similar y por tanto va a hacer las cosas con tranquilidad.

Esto puede parecer una tontería, pero cuando tenemos prisa elevamos el tono de voz y les hablamos a los niños más rápido lo que produce en ellos justo el efecto contrario al que deseamos: el niño se pone nervioso, a la defensiva, se puede oponer a lo que le dices o hacerlo pero de manera más torpe.

Si tienes prisa lo mejor que puedes hacer es hablar al niño con tranquilidad explicándole que llegáis tarde y ayudándole a avanzar (no es el momento de que el niño haga las cosas solo si aún no lo controla ya que eso te hará poner más nerviosa y tardareis más).

Para evitar esto, empieza a hacer las cosas con tiempo para que no llegue el momento de urgencia que tan nerviosos nos pone a todos.

2- Evita los gritos. Además de lo visto en el punto anterior, el pequeño se puede sentir intimidado o todo lo contrario atacado por lo que reaccionará de igual manera gritando también.

Un niño al que se le grita a menudo vive en continua tensión y con miedo.

Con los Niños de Alta Demanda tenemos el añadido de que no suelen aceptar las cosas porque sí, sin explicaciones, y los gritos nunca van acompañados de explicación.

Los Niños de Alta Demanda necesitan mucho diálogo, mucha comunicación y entender el porqué de las cosas. Son muy obstinados y si les gritas y les hablas con superioridad sólo conseguirás entrar en un bucle del que es muy difícil salir y que además te dejara exhausta.

3- Minimiza los *no* que usas con tus hijos. A veces sin darnos cuenta nos pasamos el día diciendo a los niños que no hagan, que no suban, que no salten, que no griten…..en definitiva que no sean niños. Los niños reaccionarán con frustración porque no les dejamos hacer lo que necesitan para su desarrollo y por lo tanto mostrándose enfadados, poco colaboradores y todo esto con probabilidad desembocará en una rabieta (Vistas en el capítulo Niños de Alta Demanda).

Voy a darte algunas ideas para que minimices los *no* que les dices a tus hijos:

- Deja la palabra *no* para las cosas importantes o peligrosas.
- Dile lo que debe hacer en lugar de lo que *no* debe hacer.
- Adecúa la casa de modo que pueda moverse en libertad. Si tienes la casa llena de figuritas carísimas, probablemente no dejes a tu hijo tocar nada y repetirás el *no* continuamente.
- Dale tiempo a reaccionar. A veces vamos con prisas y no les damos tiempo ni a contestarnos por lo que se pondrán nerviosos y no querrán hacer las cosas.

4- Empatiza con tu hijo. Antes te he contado que es importante dialogar con nuestros niños, darles explicaciones y razonar con ellos. Necesitan saber el porqué de las cosas para tomar una decisión.

Pero tenemos que evitar los sermones. A veces pasa que cuando entras en la dinámica de explicar y razonar a todas horas lo haces hasta en los momentos en los que es mejor escuchar.

Si tu hijo vienen a contarte un problema o hace algo que no te parece bien, ponte en su lugar, piensa lo que puede estar sintiendo y escucha lo que tenga que decirte, evitando los sermones sentenciando: te lo advertí, eres un descuidado, no te fijas en nada......Si además de sermoncarle, le acusamos con etiquetas negativas: torpe, pesado....le estaremos hiriendo su sensibilidad, haciéndole sentir aún peor, y eso es muy perjudicial para su autoestima.

En lugar de esto, escúchale atentamente sin juzgar y deja que sea él mismo el que te exprese su malestar y llegué a sus propias conclusiones sin más presión por tu parte.

5- Cuando te encuentres ante una situación crítica intenta aplicar la disciplina positiva.

Esta disciplina se basa en la comunicación, la colaboración y el respeto mutuo.

Se trata de ser amables, respetando al niño pero también firmes, respetándonos a nosotros.

Se busca la colaboración del niño en la resolución del conflicto, de manera que el niño se sienta importante, y colabore en la búsqueda de soluciones que será más fácil que acepte si se siente partícipe de ellas.

Además conseguimos que el niño adquiera responsabilidad sobre sus actos.

La disciplina positiva viene muy bien a la hora de afrontar algunas cuestiones de la crianza a veces difíciles de manejar como son los límites y los castigos.

Se ha pasado de una crianza autoritaria en la que había muchos límites impuestos porque sí y con castigos que no conducían más que a niños resentidos y rebeldes que realmente no eran efectivos, a una crianza permisiva en la que todo vale y el niño campa a sus anchas.

Con la disciplina positiva se intenta llegar a un término medio en el que la crianza tenga como apoyo unos límites basados en la seguridad y en el respeto y donde se actúe con alternativas a los castigos.

Para establecer límites debes tener en cuenta que estos deben ser pocos, solo por cosas realmente importantes, y debes explicárselo de manera calmada las veces que haga falta. Poco a poco y en función de su edad y madurez lo irá interiorizando.

Es importante cuando pongas un límite ofrecer alguna alternativa, por ejemplo: no puedes ver la televisión, pero podemos hacer juntos una construcción.

En cuanto a los castigos, es mejor recurrir a la comunicación, la empatía y la creatividad para averiguar porqué tu hijo se opone a hacer algo que tú consideras necesario. Pensar en cómo solucionarías el tema si en lugar de tu hijo se tratase de un adulto puede darte algo de perspectiva a la hora de actuar, y es que a veces tratamos mejor a los invitados que a nuestros propios hijos.

Algunas alternativas a los castigos pueden ser:
- Analiza las necesidades de tu hijo en ese momento.

- Busca alternativas aceptables.
- Infórmale de lo que quieres que haga, a veces no decimos claramente las cosas y por eso nuestros hijos no nos entienden. No le digas: Eso no se hace, en lugar de eso, muéstrale lo que sí se hace.
- Describe tus sentimientos siempre en primera persona: Me siento...., nunca digas: Me haces sentir....
- Negocia.
- Resolved juntos el conflicto, por ejemplo mediante reuniones familiares en las que todos los miembros puedan expresar su opinión y se busquen soluciones entre todos.
- Aléjate de la situación para bajar tu nivel de tensión.

6- Crea una buena conexión con tu hijo, escuchándole con atención sin hacer otra cosa a la vez. Bajando hasta el nivel de sus ojos y estableciendo contacto con la mirada.

Dedica un tiempo en exclusiva a tu hijo cada día, en el que sólo estés con él, no mires la televisión, ni hagas mentalmente la lista de la compra, deja todo y conecta con él de verdad, de esta manera crearás un fuerte vínculo que te hará conocer antes y mejor sus necesidades y él se sentirá querido y atendido.

No tienes por qué hacer nada especial, simplemente estás disponible para él.

7- Ofrece alternativas: ¿prefieres ponerte primero el pijama o lavarte los dientes?, así sentirá que tiene poder de decisión sobre su vida.

8- Repite las cosas las veces que haga falta. Los niños menores de 2 años no interiorizan lo que les decimos fácilmente, hay que repetir las cosas una y otra vez.

9- Utiliza la creatividad y el sentido del humor para resolver los conflictos. Sorprende a tu hijo haciendo algo totalmente inesperado, seguro que cambia el rumbo de los acontecimientos.

MANEJO DE EMOCIONES

Una de las características más visibles en los Bebés y Niños de Alta Demanda es su elevada intensidad emocional. Todo lo viven a lo grande: las cosas buenas son espectaculares, las cosas malas son una tragedia. Es por ello que debemos poner especial atención al conocimiento y manejo de sus emociones.

1- Para poder acompañar a nuestro hijo en su desarrollo emocional, debemos primero conocer y tener un cierto autocontrol sobre nuestras propias emociones. No podemos enseñar sobre lo que no sabemos. Además los niños aprenden por imitación y harán lo que nos vean hacer no lo que les digamos que hagan.

Con autocontrol me refiero no a anular esas emociones sino a manejarlas de manera adecuada.

Esto es importante siempre pero en el caso de Niños de Alta Demanda va a ser aún más importante para no dejarnos arrastrar por su intensidad emocional.

Para un correcto manejo de las emociones, lo primero es identificarlas y aceptarlas, no debemos luchar con ellas, ni reprimirlas ni intentar modificarlas.

Primero debemos reconocer que estamos sintiendo una emoción y eso suele reflejarse en el cuerpo: dolor de estómago, opresión en el pecho... Así que el primer paso es reconocer esa sensación y después identificar la emoción: estoy nervioso, triste, enfadado...Y el siguiente paso es aceptarlo, nos sentimos así y ese sentimiento es tan válido como cualquiera.

2- Para que los niños aprendan a manejar sus emociones el primer paso es conocerlas. Pon nombre a lo que siente y así irá aprendiendo que cuando se siente de una determinada manera está contento, y cuando siente lo contrario está triste. Poco a poco pondrá nombre a lo que le pasa y te lo podrá decir con palabras.

Esto puede hacerse mediante juegos en los que le mostremos fotografías de las emociones básicas: alegría, tristeza, miedo y rabia. De esta manera no solo reconocerán sus propias emociones también desarrollaran su empatía.

3- Los padres tenemos un papel muy importante y no debemos negar nunca lo que siente el niño (sea desde tu punto de vista acertado o no) Por ejemplo: si el niño se cae y se hace daño no debemos decirle: "Venga, que no ha sido nada, que no te has hecho daño". Si el niño siente dolor pero tú niegas lo que está sintiendo, el niño no aprenderá a reconocer sus emociones y dependerá de un adulto que le diga cómo se debe sentir en cada momento.

Lo que debemos hacer es ayudarles a poner palabras a lo que sienten, ya que generalmente se van a sentir desbordados y no van a saber explicarlo.

4- Una vez que el niño es capaz de reconocer lo que siente, debemos proporcionarle herramientas claras de qué hacer con eso que siente: no puede hacer daño a nadie, ni hacérselo a sí mismo, por ejemplo.

Podemos proponerle alguna actividad para canalizar la energía que se tiene cuando el niño se desborda emocionalmente como: pintar, romper papel, amasar plastilina, contar hasta diez mientras respira despacio, incluso si fuera necesario puede golpear un cojín.

La rabia acumulada en muchos casos es demasiado grande y necesita salir de una manera adecuada que no resulte peligrosa ni para el niño ni para nadie de su entorno.

En ese momento hay que dejar al niño desahogarse sin hablarle. Sí debemos estar a su lado acompañándole, pero no sirve de nada hablar con él porque en esos momentos no nos puede escuchar. Lo mismo nos pasa a los adultos y esto se debe a que el cerebro sufre lo que se denomina "secuestro amigdalar" y la parte racional del cerebro deja de funcionar.

Una vez que el niño se haya calmado, entonces sí podemos hablar con él de cómo se ha sentido, de cómo se han sentido las personas de su alrededor, de lo que ha hecho para gestionarlo y de cómo hacerlo mejor la próxima vez. Todo esto debemos hacerlo sin criticar ni sus emociones ni su comportamiento.

En todo momento el niño debe sentirse acompañado, no juzgado.

Una técnica que puede ser útil para niños más mayores, incluso para los adultos es la técnica del semáforo:

- Luz roja: Identificamos la emoción, es decir paramos y nos enfocamos en lo que estamos sintiendo: rabia, miedo, tristeza, alegría…

- Luz naranja: Reflexionamos sobre el motivo por el que nos sentimos así.

- Luz verde: Expresamos la emoción de una manera adecuada.

El problema que puede aparecer en la crianza de nuestros hijos y más si estos son intensos, es que surgen en nosotros emociones que no sabemos gestionar porque provienen de nuestra infancia y así podemos reaccionar con ira ante las rabietas de nuestros hijos, ante sus intentos de reafirmarse como personas, sus negaciones y oposiciones, cuando todo esto es parte del desarrollo del niño.

Cuando tenemos una reacción desproporcionada es porque nos tomamos las acciones de los niños como un reto contra nosotros, y podemos entrar en una lucha de poder.

Para poder gestionar esa ira, podemos hacer varias cosas:

1- Reconocer qué síntomas físicos preceden a la ira: respiración agitada, tensión en la cara…, de esta manera podemos anticiparnos a la explosión.

2- Reconocer qué situaciones suelen provocarte ira, para intentar evitarlas.

3- Empatizar con nuestro hijo, pensar en cómo nos sentiríamos nosotros si la persona a la que más queremos de repente nos gritase y nos tratase con agresividad. Probablemente tu hijo se asuste cuando te vea reaccionar con ira.

4- Buscar maneras positivas de gestionar esa energía: bailando, cantando, haciendo algo que te haga liberar la energía que se acumula en las extremidades y que necesita salir sin causar daño a nadie.

5- Si es posible cambiar por unos minutos de escenario y realizar unas respiraciones profundas hasta que te notes más calmada.

Tan importante es manejar adecuadamente nuestras emociones, como enseñar a nuestros intensos hijos desde pequeños a manejar las suyas. Les estaremos proporcionando una valiosísima herramienta que le servirá durante toda la vida.

LA RELAJACIÓN: UN ASPECTO FUNDAMENTAL

La crianza de nuestros hijos es toda una aventura que nos llena de ilusión pero que día a día puede agotarnos física y mentalmente. Si además estamos hablando de Niños de Alta Demanda, es seguro que en nuestra vida diaria nos encontremos con muchas situaciones que nos generen algún tipo de malestar emocional: llanto excesivo, falta de sueño, rabietas….

Este malestar emocional suele provocar un estado de activación fisiológica en nuestro organismo que si se mantiene durante mucho tiempo puede generar dificultades de concentración, pensamientos negativos, inquietud, incremento de la frecuencia cardiaca, entre otros, y causar estrés.

Para poder gestionar estas situaciones de estrés lo mejor es utilizar técnicas de relajación.

La relajación tiene grandes beneficios como por ejemplo:

- Disminuyen los niveles de ansiedad.
- Mayor capacidad para afrontar situaciones complicadas.
- Facilitan la recuperación física y mental.
- Mejoran la respiración.
- Aumentan la confianza en nosotros mismos.

La intensidad emocional de nuestros niños y sus altas necesidades, pueden hacernos vivir en una tensión constante. Si a esto le sumamos la falta de sueño de calidad, llegará un momento en el que ya no podamos con la situación.

Para evitar llegar a estos extremos debemos tener un correcto manejo de nuestras emociones (Visto en el capítulo anterior) y es indispensable que conozcamos recursos para tranquilizarnos en los momentos críticos, aunque lo ideal es practicar a menudo.

Y seguro que estás pensando, pero de dónde voy a sacar tiempo para relajarme si ni siquiera puedo ir al cuarto de baño yo sola, pues puedes hacerlo:

1- En la cama por la mañana unos minutos antes de que todos se levanten.

2- Por la noche mientras acompañas a tu hijo para que se duerma.

3- Mientras paseas a tu bebé para que se calme.

Intenta dedicar todos los días unos minutos para ti, desconectar aunque solo sea mentalmente y haz algo sencillo como unas respiraciones. Centrarte en la respiración con los ojos cerrados, hace que te concentres y que tu nivel de estímulos disminuya con lo que conseguirás bajar tu estado de activación y te sentirás más relajada.

Si lo haces mientras estás con tu hijo, él también se calmará ya que absorben nuestro estado emocional y será más fácil que el niño esté tranquilo si tú también lo estás.

Si practicas con regularidad cuando te encuentres en un momento de tensión, te resultará más fácil de manejar.

La relajación tiene efectos a dos niveles:

- Físico.
- Mental.

Cuando tengas más tiempo para practicar puedes hacer ejercicios en los que relajes progresivamente todo el cuerpo y meditaciones que te ayudarán a calmar tu mente.

Saber relajarnos nosotros es muy importante, yo diría que imprescindible para nuestro equilibrio emocional, pero también es un buen recurso para utilizar con nuestros hijos.

Para relajar a un Bebé de Alta Demanda podemos emplear los siguientes recursos:

1- El más importante, que tú estés relajada. Cierra los ojos y respira profundamente y muy despacio unas cuantas veces.

2- Cógele en brazos de manera que se sienta arropado y protegido. El contacto físico les calma.

3- Ofrécele el pecho si le das lactancia materna. El pecho no solo le alimenta también le proporciona seguridad y eso le relaja.

4- Si estás en un sitio en el que haya demasiada actividad, sal de ahí. Busca un sitio tranquilo, menos estimulante para sus sentidos.

5- Prueba a ponerle un sonido blanco como el secador de pelo o la campana extractora, a muchos bebés les tranquilizan esos sonidos porque les recuerda los sonidos rítmicos que oía en el interior del útero.

6- A muchos bebés les gusta y les relaja recibir un masaje, aunque no a todos. Para algunos bebés recibir tantos estímulos: táctiles y visuales les pone muy nerviosos y no se dejan dar el masaje. Si tu hijo no se deja no lo intentes. Prueba otra cosa.

7- Si a tu bebé le relaja el baño puedes usarlo para bajar su nivel de actividad antes de dormir. Si por el contrario le activa, es mejor que le bañes en otro momento del día porque en lugar de relajarse se pondrá más nervioso.

Si tenemos un niño más mayor y lo que queremos es que se relaje y aprenda él mismo la diferencia entre tensión y relajación, podemos hacerlo mediante juegos.

A un niño no podemos pedirle que se tumbe y cierre los ojos para practicar una relajación, ya que los niños necesitan moverse, por eso puede aprenderlo jugando.

1- Para aprender la diferencia entre tensión y relajación, podemos contarle el cuento de la liebre y la tortuga. Vemos que la tortuga camina tranquila y lentamente (y hacemos movimientos lentos) y cómo la liebre se pone en tensión para correr cuando sabe que va a perder (y ponemos el cuerpo en tensión)

Una vez que tenga clara la diferencia entre tensión y relajación, le podemos decir que cambie de liebre a tortuga y nuevamente a liebre rápidamente, para asimilar la idea.

El cuento terminará con la tortuga caminando lentamente, mientras el niño relaja brazos y piernas.

2- Para enseñarles a respirar de forma pausada, podemos decirles que imaginen un globo y como poco a poco le van soplando. Respiran profundo y sueltan el aire, varias veces, procurando que se vayan tranquilizando. Solo queremos que sean conscientes de la respiración, y de cómo esta influye en su estado.

3- Para bajar el nivel de actividad antes de dormir es buena idea pintar mandalas. La concentración que se requiere para pintarlos va a hacer que se relaje. Puedes sentarte a su lado y colorear tú también uno, de manera que tú también te relajarás y él se sentirá acompañado.

4- Relajación con masaje. Esta técnica puede servirnos cuando el niño ya está en la cama, pero aún continúa nervioso. Cogemos una pelota de semillas y la hacemos rodar por su cuerpo: espalda, brazos, piernas....lentamente, con una música tranquila de fondo y hablando de una manera muy lenta y pausada.

El niño tiene que relajar su cuerpo según va pasando la pelota (una vez que conozca la diferencia entre tensión y relajación).

5- Abrazaros. El contacto físico tiene un efecto relajante que produce bienestar en el ser humano.

Los Niños de Alta Demanda necesitan mucho contacto físico, así que un remedio rápido y eficaz para tranquilizarle en un momento dado es darle un abrazo.

A veces es mucho mejor dejar de lado la discusión o el momento de tensión y fundirse en un abrazo relajante. Después todo se verá de otra manera y podréis tratar el tema de una manera más calmada, sin el torrente de emociones del momento.

ORGANIZACIÓN DEL HOGAR

Cuando tienes un Bebé o un Niño de Alta Demanda, la mayor parte del tiempo por no decir todo te lo pasas atendiendo a tu hijo. Este no se queda tranquilito dormido en su cuna o jugando solo para que tú puedas dedicarte a las tareas del hogar. Por el contrario, los Bebés y Niños de Alta Demanda duermen poco y generalmente cuando lo hacen es sobre ti, bien en brazos, en portabebés o en la cama. Cuando son más mayores también te necesitan cerca en sus juegos, así que el tiempo que dedicas a tu casa: orden, limpieza, comidas….lo compartes con él.

Seas o no una persona ordenada, cuando tienes un hijo que te reclama continuamente la casa pasa a un segundo plano, y si bien eso no tiene que preocuparte en exceso sí que es verdad que el caos al que se puede llegar, puede producir más estrés del que ya tenemos, eso sin contar con el tiempo que perdemos en encontrar lo que necesitamos, tiempo que no tenemos y en que alimentarnos de una manera saludable es muy importante y también requiere de un mínimo de tiempo.

Voy a darte una serie de consejos que te pueden ayudar a no caer en el caos y a poder alimentarte tú y tu familia de una manera adecuada sin desatender a tu hijo.

Si tu hijo es muy pequeño, vas a pasar tus horas dando el pecho (si has elegido esta opción) y cambiando pañales. Los tres primeros meses deberías tomártelos como una adaptación a tu nueva vida: tú tienes que adaptarte a tu bebé y él a ti y al mundo al que acaba de llegar. En estos primeros meses lo ideal sería contar con ayuda para la casa y poder dedicarte tú al bebé. Es importante la colaboración del padre y aceptar ayuda de familiares, amigos y vecinos. Pueden hacerte la compra, poner la lavadora, llevarte comida. Este es el tipo de ayuda que necesitas en ese momento. Ayuda que te libere para dedicarte a tu hijo y conectar con él. Para las comidas elige las más sencillas en su elaboración y procura hacer para varios días y congelar.

1-Utiliza un portabebés dentro de casa, te permitirá hacer pequeñas tareas mientras llevas a tu hijo pegado a tu cuerpo: guardar la ropa limpia en su sitio para que no se acumule ni se arrugue, colocar cada objeto en su sitio, pasar el plumero. También te permitirá cocinar cosas sencillas. Tu hijo al estar contigo puede que se duerma o que esté tranquilo observando atentamente todo lo que haces.

2-Utiliza un portabebés para salir a la calle a hacer pequeñas compras. Normalmente a los Bebés de Alta Demanda les gusta la calle si es cerca de ti, y tú tendrás las dos manos libres para llevar la compra. Si esta opción no te va bien es buena idea delegar en otra persona la compra e incluso comprar por internet.

3- Realiza un menú semanal o mensual de manera que cuando vayas a comprar sepas exactamente lo que necesitas y cuando vayas a preparar la comida tengas todos los ingredientes. Te ahorrará tiempo y no tendrás que estar siempre pensando qué hacer para comer.

Puede que la primera vez te resulte difícil realizar un menú pero puedes buscar menús hechos en algunas páginas web y luego adaptarlo a vuestros gusto. Si no puedes sentarte a ponerlo por escrito utiliza la grabadora del móvil o hazte con una pizarra pequeña de rotuladores que puedes poner en la cocina, y escribirlo de pie. De esta manera todos los días sabrás lo que tienes que cocinar. Te ahorrará mucho tiempo, dinero y quebraderos de cabeza.

4- En la cocina simplifica: utiliza el microondas, el horno, las verduras ya troceadas, cocina para varios días, prepara platos únicos en los que tengas todo lo necesario para una dieta equilibrada. Si no te alimentas bien por falta de tiempo para preparar las comidas y duermes poco y mal, tu salud se puede resentir. Deja las comidas más elaboradas para más adelante o para los fines de semana si dispones de más tiempo.

5- No acumules ropa, ni cosas en general por todas partes. Ya que no dispones de tiempo para ordenar procura no desordenar en exceso. Puedes devolver las cosas a su sitio llevando a tu hijo encima. Él estará encantado de ir contigo por todas las habitaciones descubriendo la casa y tú poco a poco irás recogiendo.

6- Lo mismo con la lavadora. Procura que no se acumule demasiada ropa ni sucia ni limpia. La ropa limpia ve poco a poco llevándola a su sitio. Mientras lo haces déjala estirada en el respaldo de una silla, de esta manera no se arrugará y evitarás tener que plancharla.

No hay nada que cause más desorden que montones de ropa por toda la casa que además se están arrugando de una manera considerable. Recuerda que lo último que vas a tener va a ser tiempo para planchar.

7- En la habitación minimiza. Recuerdo cuando era pequeña y tenía que hacer la cama quitando toda la ropa que era mucha: sábana bajera, sábana encimera, manta, otra manta, almohada y edredón, esto era lo mínimo porque a veces ponías cubre "cosas": cubre colchón, cubre edredón….Hacer esas camas era eterno.

Ahora por suerte disponemos de cosas mucho más prácticas como los edredones nórdicos que se trata de una funda en la que dentro va metido el edredón, con eso y una sábana bajera ya tienes la cama lista. Estiras un poco todo, cosa que no te lleva ni un minuto y la habitación parece otra.

8- En el baño procura no acumular montones de botes innecesarios, ten sólo lo que verdaderamente utilices y para que se mantenga limpio pasa a menudo una toallita especial para limpiar baños por todos los sanitarios. Ya sé que no es muy ecológico, pero se trata solo de una temporada, cuando tengas el hábito adquirido podrás hacerlo con una bayeta de microfibra y un producto que no necesite aclarado y de una sola pasada, el baño estará reluciente.

Si haces este pequeño gesto que no te lleva más de dos minutos a menudo (si puede ser a diario mejor) limpiarás sobre limpio con lo que no te costará nada mantenerlo.

9- Cuando tu hijo vaya creciendo podrás ir haciendo más cosas. Para ello ten en cada habitación una caja con juguetes o pinturas para que se entretenga 5 minutos mientras tú vas ordenando o limpiando.

10- Involúcralo en las tareas: puede ayudarte a limpiar el polvo, a preparar algún alimento, a recoger los juguetes. Si se lo planteas como un juego y estás a su lado, estará tranquilo y conseguirás mantener tu casa limpia y ordenada.

11- Procura estar siempre disponible para él. Aunque ya se entretenga a ratitos, no pasará mucho tiempo sin reclamarte, así que intenta hacer las tareas en períodos cortos de tiempo. Es mejor hacer cada día 15 minutos y estar con tu hijo, que no hacer nada durante varios días y un día a la semana darte un maratón de limpieza. Esto te va a cansar y poner de mal humor, tu hijo te va a reclamar y no le vas a poder atender. En cambio en períodos cortos de tiempo tu hijo no se va a sentir desatendido, ya que tu terminarás en seguida y mientras podéis cantar una canción, jugar al veo veo, a las palabras encadenadas…..El humor y la imaginación siempre van a ser buenos aliados en la crianza de nuestros intensos hijos.

MAMÁS DE ALTA DEMANDA

Cuando tienes un hijo, toda tu vida cambia. Se pone patas arriba y tus prioridades pasan a ser otras muy diferentes. Cuando tienes un hijo, te conviertes en madre y eso será así para siempre.

Cuando tienes un Bebé de Alta Demanda, la palabra "madre" adquiere un nuevo significado, y es que los Bebés y los Niños de Alta Demanda nos necesitan tanto que a veces nos perdemos en nuestro papel. Nuestro yo se desdibuja y pasamos a formar una díada con el niño, difícil de entender para las personas que se quedan fuera.

Esta situación está bien, es normal y necesaria. El niño nos necesita y nosotras a él. Nos convertimos el uno en el otro y así comienzas a sentir igual que él. Te sientes abrumada en lugares donde hay mucho ruido. Buscas la soledad porque es cuando más a gusto os sentís los dos. Duermes cuando él lo hace, ríes con él y también lloras a su lado.

Pero pasa el tiempo y esta situación se mantiene y se hace incluso más intensa. El bebé da paso a un niño que tiene ganas de descubrir el mundo, pero a la vez siente miedo, es lo que tiene ser tan intenso y tan sensible, y en lugar de alejarse poco a poco de ti como hacen otros niños para descubrir el mundo, los Niños de Alta Demanda suelen apegarse aún más a la madre, buscando esa seguridad que tanto necesita en esos momentos de descubrimiento del mundo y de su persona.

Las madres seguimos siendo el mayor referente para nuestros hijos, y eso a veces hace que nos olvidemos de nosotras mismas.

Cuando damos tanto de nosotras sin descanso corremos el peligro de terminar exhaustas y de conseguir justo el efecto contrario. Podemos caer en la apatía y sentirnos sin fuerza para seguir acompañando a nuestro hijo.

Actuar por inercia en la maternidad creo que es una de las peores cosas que te pueden pasar como madre y debemos evitar llegar a ese estado en el que haces las cosas de forma automática, sin pasión y sin alegría, porque ni nuestros hijos ni nosotras mismas nos merecemos vivir así.

Para evitar esta situación de desánimo debemos encontrar el equilibrio entre atender las necesidades de nuestro hijo y las nuestras.

Una madre cansada y malhumorada no será capaz de atender bien a su bebé.

Vamos a ver qué podemos hacer para ser unas madres en equilibrio con nosotras mismas.

Cómo cuidar las necesidades de mamá:

1- Un punto fundamental es la salud. Muchas madres de Bebés de Alta Demanda ven peligrar su salud: la falta de sueño, el estrés prolongado y la disposición constante es un buen caldo de cultivo para el agotamiento.

Muchas madres también acusan una gran pérdida de peso sin encontrar ningún otro problema de salud asociado.

Para ello debes cuidar muy bien la alimentación. Come a menudo comida sana y energética. Ten siempre a mano frutos secos que dan mucha energía y frutas que puedes comer mientras atiendes a tu hijo.

Duerme siempre que puedas y por supuesto siempre que duerma tu hijo, sea la hora que sea. En el capítulo de Organización ya has visto como ir haciendo cosas poco a poco para que tu casa se mantenga limpia y ordenada, y son cosas que puedes hacer con el niño. Lo que no debes hacer es ponerte a limpiar de manera compulsiva cuando él se duerme, porque entonces tú no descansarás nunca.

Por las noches practica el colecho o bien pon una cuna o cama pegada a la tuya, eso hará que los múltiples despertares de tu hijo se hagan más llevaderos.

2- Es importante que encuentres un ratito para ti cada día aunque sean unos minutos. Esto tan aparentemente fácil será muy complicado los primeros meses cuando tu hijo no quiere separarse de tu cuerpo en ningún momento del día ni de la noche, pero puedes aprovechar cuando esté el padre o alguna persona de mucha confianza para darte una ducha sabiendo que el niño está atendido.

3- Haz de la meditación una rutina diaria. Unos minutos antes de que se despierte y te empiece a reclamar atención o bien por la noche cuando ya estáis en la cama, en lugar de ponerte a pensar en lo que tienes que hacer el día siguiente o en el duro día que has tenido, medita. Concéntrate en tu respiración, despacio, siendo muy consciente de cómo entra el aire en tus pulmones y cómo sale. Presta atención a las sensaciones: el aire frío que entra por tu nariz, tu abdomen elevándose, tu cuerpo que se va relajando.

Aunque estés con tu hijo al lado, tómate ese momento para ti, para estar contigo misma, relajándote hasta que os durmáis que seguro que es mucho más rápido y mejor que si lo haces en pleno estado de tensión.

4- Relativiza las situaciones. Cuando estamos en modo negativo todo nos parece peor de lo que realmente es. Piensa que todo pasa, las cosas malas pero también las buenas, así que disfruta de las buenas y no te recrees en las malas.

5- Desarrolla la paciencia. Si tienes claras las necesidades de tu hijo, te será más fácil llevar sus demandas de atención de contacto o de lo que te pida. Conoce a tu hijo, escúchale, obsérvale. Conoce las etapas de su desarrollo. Si sabes que las rabietas son algo normal, te será mucho más fácil tener paciencia cuando estés frente a una que si piensas que tu hijo te está tomando el pelo.

6- Encuentra el equilibrio entre sus necesidades y las tuyas. No puedes volcarte en él sin escucharte a ti, pero tampoco debes negar a tu hijo lo que necesita.

7- Sigue tu ritmo, no te culpes ni te exijas más de lo que puedes dar. Si sientes que llegas al límite, afloja la marcha. Nuestros niños son muy empáticos y si tú no estás bien, ellos se van a comportar como un espejo en el que te vas a ver reflejada. Si ves que tu hijo se comporta peor que de costumbre, mírate a ti misma a ver si eres tú la que tiene que cambiar algunas cosas.

8- Enfócate siempre en lo positivo de tu hijo, en sus cualidades positivas, no le des energía a las cosas negativas.

9- Poco a poco irás recuperando la energía, teniendo más espacio, durmiendo mejor, y seguro que echarás de menos esos momentos así que disfrútalos.

10- Agradece lo que tienes. A veces estamos tan sumidos en la vorágine diaria que no nos percatamos de lo que tenemos al lado. Dedica unos minutos al día a dar gracias por lo que tienes: tu casa, tu hijo, salud…piensa lo afortunada que eres.

PAPÁS DE ALTA DEMANDA

Hasta ahora hemos hablado de los Bebés de Alta Demanda, de los Niños de Alta Demanda, de las madres que también se convierten en Madres de Alta Demanda ya que necesitan más tiempo, más paciencia, más recursos, más comprensión…

Pero ¿qué pasa con los padres? No en todas las familias actuales existe esta figura, pero sí en muchas de ellas, por eso me ha parecido importante dedicarles un capítulo.

El padre de un Bebé de Alta Demanda se encuentra de repente inmerso en una situación bastante difícil de entender y seguramente sufran bastante más de lo que se atreven a reconocer.

Encontrarse de la noche a la mañana con un bebé que llora tanto y que solo se calma con mamá, y con una madre agotada, hormonada y en pleno puerperio, confundida y perdida, debe resultar bastante difícil de llevar.

Por mucho empeño que el padre ponga, la realidad es que el bebé no quiere despegarse de su madre. Y la madre solo quiere dormir.

En esas circunstancias es probable que el padre se sienta un poco desplazado. La mamá y el bebé ahora son indivisibles y él no tiene cabida en esa díada.

Esto puede ser comprensible, incluso aceptable los primeros meses, ya que como he dicho anteriormente, esta época es de adaptación para todos los miembros de la familia.

En el caso de los Bebés de Alta Demanda, lo que ocurre es que esta situación se prolonga en el tiempo, y según van avanzando los meses el bebé sigue igual de apegado a la madre y ésta cada día más cansada.

El padre puede sentirse desplazado de la vida familiar que además ha dado un cambio radical.

En este punto la comunicación es muy importante, aunque no es fácil. Pero no tenemos que perder de vista que el padre es una pieza muy importante en la familia y en esos meses difíciles debe actuar como sostén emocional.

La madre pasa 24 horas al día conteniendo al bebé, pero también necesita contención, y ese papel le corresponde al padre.

Puede ocurrir que el padre no entienda bien lo que está pasando y se sienta desorientado en cuanto a lo que debe o no debe hacer, y aquí las madres debemos ser muy claras, y decirles las cosas tal cual las sentimos.

Es muy importante expresarles nuestros sentimientos y nuestras necesidades.

Los hombres no saben leer nuestra mente, así que si queremos que haga algo concreto debemos decírselo para que no haya malentendidos.

Una dificultad añadida a la alta demanda puede ser la diferencia entre hombres y mujeres.

Durante años se nos ha intentado convencer de que los hombres y las mujeres son iguales, pero la realidad es que no lo somos. Hombres y mujeres se comunican de manera diferente, piensan, sienten, perciben, reaccionan, responden, aman, necesitan y valoran de forma diferente.

En los momentos difíciles no reaccionamos igual, y criar un Bebé de Alta Demanda no es fácil. El cansancio provoca una gran irritación que te lleva al límite y esto puede hacer que falle la comunicación y entonces aumente la desconfianza entre nosotros.

Y sin darnos cuenta podemos llegar a sentirnos en lucha continua justo en un momento en el que deberíamos estar más unidos que nunca.

La tensión, el resentimiento y el conflicto surgen cuando no nos comprendemos, así que debemos hacer un esfuerzo por mantener abiertas las vías de la comunicación y la comprensión.

Entonces recapitulando tenemos dos obstáculos que debemos superar:

1. Los Bebés de Alta Demanda quieren estar el 99% del día con la madre, lo que hace que ésta esté agobiada y agotada.

2. Los hombres y las mujeres percibimos las cosas de diferente manera, así los padres no pueden saber realmente cómo nos sentimos, ni saber lo que necesitamos.

Visto esto ¿qué podemos hacer para que tanto el padre como la relación no se resienta?

1- Dile de una manera clara a tu pareja cómo te sientes y lo que necesitas en cada momento: comprensión, abrazos, contención....que no intente entenderte, solo con estar ahí dándote su apoyo será suficiente.

El padre debe implicarse en la crianza del niño desde el primer día en la medida que pueda. Si no sale de él hacerlo o no entiende lo que puede hacer, una buena idea es darle información para que lea o bien contársela nosotras.

Pero es fundamental su apoyo.

2- El padre tiene que entender que si tú estás mal no es por su culpa sino por las circunstancias. Si lo entiende no se distanciará.

3- Si le indicamos claramente el camino, sabrá qué hacer para apoyarnos, no podemos esperar que adivine nuestros sentimientos y nuestras necesidades.

4- El padre debe asumir un papel de espera atenta y respetuosa, nunca debe imponer separar al niño de la madre, ya que esto provocaría más angustia a la situación. Llegará un momento en el que el niño se adapte y no rechace al padre.

LA PAREJA

Ya hemos visto lo importante que es que nosotras nos cuidemos, y cómo debemos hacer para que el papá no se sienta excluido.

Una vez que nosotras nos sentimos contenidas y comprendidas, llega el momento de vernos como pareja, y es que cuando la pareja se ve aumentada y pasa a ser familia, cambian muchas cosas.

En el caso de los Bebés de Alta Demanda esto se intensifica aún más, y cuando acumulamos mucho cansancio y estrés la pareja puede resentirse y mucho.

Es importante que no nos olvidemos del otro, y que por todos los medios procuremos no alejarnos. Es una etapa dura en la que nos necesitamos mutuamente.

Además tenemos que pensar a largo plazo y es que cuando los niños crezcan y hagan sus vidas, nos quedaremos solos otra vez y corremos el riesgo de encontrarnos frente a un desconocido, eso si la relación ha aguantado el paso de los años. Por desgracia conozco bastantes casos de familias en las que el tener un Bebé de Alta Demanda ha sido tan desestabilizador que la pareja se ha resentido tanto que se ha terminado rompiendo.

Es normal que haya crisis, yo creo que hasta en las parejas más bien avenidas las hay, así que mucho más en las parejas que de repente se encuentran en el maremágnum de emociones que supone tener a cargo a un Bebé de Alta Demanda.

Pero entonces ¿qué podemos hacer para mantener nuestra relación de pareja sana?

1- Es muy importante hablar, comunicar con claridad nuestros deseos, nuestras emociones y nuestras necesidades.

2- Tan importante como hablar es escuchar lo que el otro nos tiene que decir.

3- No te vayas nunca a dormir sin haber solucionado el problema. Lo más probable es que al día siguiente los dos estéis más resentidos y sea más difícil encontrar una solución.

4- No discutas en caliente, deja pasar un rato para que los ánimos estén más calmados. Es importante no perder el respeto mutuo.

5- Huye de las críticas, quejas y malas caras, utiliza una comunicación calmada y en un tono de voz adecuado.

6- Pide ayuda. A veces solos no podemos con todo y es mejor contar con la ayuda de un profesional que nos guíe.

7- No olvides que ambos estáis en el mismo barco, tenéis que aunar fuerzas no ir cada uno en una dirección. Es importante que habléis de vuestra nueva condición y de que ambos estéis informados y de acuerdo en el modo de criar.

Y me dirás, pero si mi hijo no me deja ni hablar con su padre, ¿cómo voy a hacer todo eso que dices? Pues una vez más hay que echar mano de la creatividad:

- Déjale notas por la casa, no solo recordándole que le quieres sino también como recordatorio de algo que le tienes que decir o algo que tiene que hacer, eso sí siempre con mucho amor.

- Si no puedes escribir, grábale un mensaje de voz con el móvil y envíaselo.

- Salid a la calle a pasear, es más fácil que el bebé se duerma o esté más tranquilo y así vosotros podéis hablar.

- El tiempo se ha reducido a la mínima expresión, pero un beso, una mirada cómplice o una caricia no lleva tanto tiempo.

LA FAMILIA

Cuando tienes un Bebé de Alta Demanda toda tu vida cambia, tus costumbres, tus prioridades, tu vida social, incluso tu trabajo puede verse afectado, ya que muchas mamás se ven obligadas a reducir sus jornadas, incluso a dejar su trabajo para atender a su hijo. Digo se ven obligadas, porque debido a sus demandas a veces no queda otra opción y es necesario hacer un esfuerzo por el niño.

Está claro que toda la vida se ve afectada por la llegada de un Bebé de Alta Demanda y por lo tanto todas las personas cercanas.

En este capítulo nos vamos a referir a dos figuras en concreto:

- Hermanos
- Familia extensa: abuelos, tíos y primos

Los más afectados sin duda son los hermanos.

En el caso de haber un hermano mayor y que el Bebé sea de Alta Demanda, el mayor ve reducida su atención a la mínima expresión y es que ya hemos visto que sobre todo los primeros meses, la madre se ve absorbida por completo.

El hermano puede sentirse desplazado y muy solo y es importantísimo que busquemos la manera de prestarle atención exclusiva cada día.

Cuando nos sea imposible atender al mayor, siempre debería haber una persona encargada de él: padre, abuelos, cuidadora. El mayor no debe sentirse excluido.

1- Siempre que el padre esté presente que se ocupe de él. Necesita sentirse querido y atendido.

2- Portea al bebé y así tendrás las dos manos libres para atender al mayor.

3- Mientras das el pecho al bebé, aprovecha para leer cuentos al mayor o jugar con él a juegos tranquilos.

4- Sal a la calle con los dos y da largos paseos: el pequeño en un portabebés y el mayor a tu lado, jugando, cantando, inventando cuentos....se creativa.

En el caso contrario, es decir que sea el mayor de Alta Demanda, te resultará más fácil ya que el bebé dormirá en su cuna, paseará en su carrito y tú tendrás tiempo para dedicar al mayor.

También puede darse el caso de que ambos sean de Alta Demanda, ya que existe un componente genético que hace que exista esa posibilidad. En este caso te sirven los consejos vistos para el primer caso solo que necesitarás más creatividad, más descanso físico y mental porque los dos te van a demandar mucha atención, más ayuda, incluso por qué no, tomar vitaminas para aguantar el ritmo. Es duro, pero te aseguro que también es muy satisfactorio.

Cuando crezcan aunque te sigan demandando atención y presencia, se van a tener el uno al otro y entonces habrá momentos en los que disfrutes enormemente viéndoles jugar juntos.

Tener dos Niños de Alta Demanda también va a crear grandes conflictos porque son dos niños muy intensos, con las cosas claras y que no dan su brazo a torcer con facilidad. Tendrás que desplegar todas tus dotes de negociador para mediar en los conflictos y procurarles herramientas para que poco a poco sean ellos los que vayan solucionando sus problemas.

Para ello aquí tienes algunos consejos:

1- Escuchar a las dos partes sin juzgar y sin culpar a ninguno de los dos. Fomenta la expresión de sus sentimientos y emociones.

2- No compararles nunca, eso solo sirve para fomentar envidias y celos. Evita la competitividad entre ellos, ya que eso también genera conflictos.

3- Fomenta los juegos y las actividades en común, así aprenderán a cooperar y estrecharán lazos de afecto, respeto y cariño.

4- Cuando compitan por tu atención, habla con ellos por separado sobre sus miedos y dedícales tiempo a cada uno.

5- La paciencia y la constancia son fundamentales en estos casos.

6- Enseñarles a cada uno a tener en cuenta los sentimientos del otro.

7- Dejarles que expongan su visión sobre los hechos y traten de buscar una solución por sí mismos, sino se les ocurre cómo les ayudaremos. Hay que asegurarse que los dos están entendiendo lo que el otro plantea.

Vamos a ver ahora el caso de la familia extensa. Los abuelos, tíos, primos y demás familia allegada probablemente quieran coger al bebé en brazos, pasearle en el cochecito y otras cosas habituales que con los Bebés de Alta Demanda no son tan fáciles. Debes hacerles entender que lo primero es el bebé y su bienestar y que no vas a consentir que lo pase mal para satisfacer los caprichos de los adultos. En este caso tenemos que tener claro que lo que nuestro bebé nos pide son satisfacer sus necesidades de contacto físico, brazos, teta, tranquilidad, seguridad frente a los caprichos de los adultos que lo que quieren es cogerle en brazos para su satisfacción o pasearle en cochecito para presumir de él. Eso son caprichos y además son personas adultas que deberían entender que lo importante es el bienestar del bebé. Por desgracia esto no siempre es así. Mi consejo es que te mantengas firme y que de manera educada protejas a tu hijo.

El bebé crecerá y las cosas serán diferentes. Cuando el niño se sienta seguro podrán disfrutar mutuamente de su compañía, siempre que se hayan satisfecho sus necesidades de bebé.

Un punto aparte merece el pensar que cuando hay un hijo de alta demanda, lo más probable es que uno de los padres también lo sea.

En este caso nos encontramos que tanto el progenitor como el hijo van a tener un carácter similar, y va a hacer que se retroalimenten.

Cuando se enfaden, ninguno de los dos va a querer dar su brazo a torcer y será necesario mediar en la discusión. Aunque el padre por ser el adulto tendrá más recursos para manejar sus emociones, la verdad es que la personalidad tan intensa de los niños de alta demanda, también se da en la época adulta y no resulta fácil de manejar.

Por el contrario cuando se entusiasmen con algo, pueden sentir tanta euforia que puede resultar excesiva para el resto de la familia.

En estos casos es importante reflexionar a posteriori sobre nuestras emociones y buscar la mejor manera para la próxima vez.

LOS PROFESIONALES

En algún momento de la vida de nuestros pequeños nos tocará relacionarnos con diferentes tipos de profesionales que pueden tener su visión sobre lo que es un Bebé o Niño de Alta Demanda, o más frecuentemente no suelen conocer lo que eso significa.

Me refiero sobre todo a pediatras, matronas, médicos de familia, logopedas, psicólogos, terapeutas, profesores de guardería, de colegio…y otros por los que tal vez en algún momento, el niño o nosotros mismos debamos pasar.

Cuando estos profesionales desconocen lo que significa ser de Alta Demanda y si además su visión de la crianza se basa en métodos conductistas, lo más probable es que le digan a la madre que ese niño es un malcriado, que le toma el pelo y que no pasa nada por dejarlo llorar.

Esos comentarios cuando los recibe una madre agotada y perdida son nefastos, sobre todo si la madre tampoco está informada sobre las características de su hijo.

Todos los profesionales deberían conocer lo que significa ser de Alta Demanda: niños más sensibles, más intensos, con más angustia de separación, con las cosas muy claras, despiertos, espabilados, necesitados de estímulos, con dificultades para relajarse, muchos de ellos con altas capacidades y lo que eso conlleva (lo veremos más a fondo en el capítulo: Cómo aprenden)

Poco a poco cada vez es más conocido el término y por suerte ya hay muchos profesionales que al ver a un Niño de Alta Demanda se lo comunican a los padres y les dejan claro que eso no es un problema.

Aún nos queda camino por recorrer y ese camino se basa en observar a nuestro hijo para darle lo que necesita y siempre priorizar a nuestro hijo sobre lo que nos digan desde fuera. Tú como madre/padre lo conoces mejor que nadie.

Si en algún momento algún profesional etiqueta a tu hijo de hiperactivo, falto de atención, asperger o cualquier otro diagnóstico que no te convenza, siempre busca una segunda opinión. Hay muchos niños de Alta Demanda y de Altas Capacidades diagnosticados erróneamente y medicados por una enfermedad que no tienen, solo por un comportamiento que mejoraría ofreciendo al niño lo que necesita.

1- En el médico, si ves que critica el comportamiento de tu hijo y le dice algo al niño, de una manera respetuosa pero sencilla explícale que tu hijo solo es más sensible y necesita ser tratado sin brusquedades. Habla con educación pero se firme: tu hijo es lo más importante.

2- En la guardería, tendrás que explicar que tu hijo necesita mucho contacto físico y que no necesita dormir tanto como otros niños. Si encuentras una guardería respetuosa donde cojan en brazos al niño si lo necesita, y no le obliguen a dormir si no tiene sueño, la adaptación será mucho mejor.

3- En el colegio, deberás prestar atención a lo que te cuenta tu hijo, si ves que el niño se aburre, molesta a los demás niños, está desmotivado y no quiere ir o piensa que en el cole no aprende nada, estaría bien que hablases con los profesores y orientadores y les plantees la posibilidad de que tu hijo tenga altas capacidades. Los profesores deben estar muy atentos para ofrecer a tu hijo lo que necesite académica y emocionalmente en el colegio.

Es importante, tanto en la guardería como en el colegio buscar una atención personalizada que se adecúe a las necesidades de los niños en cada momento.

SIMPLIFICAR EL DÍA A DÍA

Tener un Bebé de Alta Demanda va a ocupar todo tu tiempo y energía, así que harías bien en simplificar tu vida y ocuparte solo de lo estrictamente necesario.

Pretender seguir con tu vida de antes es absurdo ya que tu vida ha cambiado por completo.

Esto no es nada negativo, solo que a veces nos dejamos arrastrar por las rutinas, por lo que hemos hecho siempre, por lo que hacen los demás, por lo que se supone que debemos hacer…y no nos damos cuenta que eso a nosotros no nos conduce a nada y solo nos aporta más estrés a nuestras vidas.

Vamos a ver qué pequeños cambios podemos introducir en nuestras vidas que nos van a ayudar a funcionar de una manera más eficiente.

1- En casa: todo lo que vimos en el capítulo de organización te puede venir bien para simplificar en casa.

- Deshazte de todo lo que no uses habitualmente: puedes regalarlo, venderlo o tirarlo, pero sácalo de tu casa si no lo has usado al menos en el último año. A veces acumulamos cosas a las que no le damos uso y lo único que hacen es darnos trabajo para limpiar y ordenar. Ahora queremos emplear nuestro tiempo en limpiar lo imprescindible y mantener el orden mínimo.

- Simplifica tu vestuario, tendrás más espacio en tu armario y tardarás menos en elegir tu ropa cada día. Ahora te interesa usar ropa cómoda, que se lave bien y no sea necesario planchar. No quiero decir que te pongas cualquier cosa, pero ir de punta en blanco con un bebé tampoco tiene mucho sentido si eso te requiere mucho tiempo. Es mejor tener varias prendas que combinen entre sí para que te puedas cambiar con facilidad si lo necesitas.

2- En la cocina:

- Elige comidas fáciles que se tarden poco en hacer, y utiliza métodos de cocción que no te requieran demasiada atención por tu parte: microondas, horno, robots en los que metes los ingredientes y te olvidas.

3-Vida social: tu vida social cambia por completo, ahora tienes que priorizar los sitios en los que tu bebé se encuentre a gusto. Normalmente en el exterior, y con pocos ruidos.

- Elije un paseo a sentarte en una terraza. Los Bebés de Alta Demanda prefieren el movimiento. Si te decides por la terraza probablemente te pases el rato con tu bebé en brazos sin poder sentarte.

- Rodéate de personas que te entiendan, si no es así tal vez estéis mejor solos.

- Aprovecha para hacer llamadas, mandar mails, watsApp, leer libros, buscar información en internet en las largas tomas que probablemente hará tu bebé o cuando se quede dormido encima de ti, a no ser que en ese momento decidas dormir tú también, cosa que estaría muy bien.

- Adapta las fiestas de navidad y otras celebraciones a tu hijo. Si tienes que desplazarte a casa de un familiar donde va a haber un montón de gente, y ves que tu hijo se va a poner nervioso, se van a trastocar sus ritmos y no vais a disfrutar ninguno, tal vez sea mejor quedaros en casa y esperar a que el bebé crezca un poco.

- Evita los viajes en coche todo lo que puedas. Procura elegir otros medios de transporte que os vayan mejor: metro, tren, incluso caminar.

- Si algo te parece difícil o no te apetece hacerlo aprende a decir que no, ganarás en tranquilidad.

- No pierdas tu energía tratando de convencer a la gente de cómo es tu bebé y porqué, la mayoría de la gente no lo va a entender. (en el capítulo: Manejando las críticas lo veremos más a fondo)

- Haz las cosas de una en una. Si mientras estás cambiando el pañal a tu hijo, estás pensando en acabar rápido para poner la comida, te pondrás más nervioso y disfrutarás menos de las cosas.

- Cambia tus expectativas. Ahora vas poder hacer menos cosas que antes de ser madre/padre, asúmelo y no te frustres por no llegar a las cosas. Si eres flexible todo irá mejor.

4- En ti misma: ya hemos visto que una de las cosas que puedes simplificar es en vestuario, vamos a ver alguna más, que harán que te veas bien con poquísimo tiempo, y es que no debemos descuidarnos. Es muy importante sentirnos bien con nosotras mismas:

- El pelo, si te da mucho trabajo cuidarlo, tal vez sea hora de un cambio y hacerte un corte que no te lleve nada de tiempo mantener.

- Todas las mañanas, aplica sobre tu cara una crema hidratante con protector solar y un poco de color. Solo con ese gesto tu rostro lucirá mejor.

- Cuando te duches, allí mismo date un aceite de almendras sobre la piel húmeda que actuará como hidratante y saldrás de la ducha lista para vestirte pero con tu piel hidratada.

MANEJANDO LAS CRÍTICAS

Quien más quien menos cuando se convierte en padre/madre empieza a recibir consejos por todos sus costados, de la familia, del vecino, del panadero, de la señora que pasea por la calle a la que no has visto jamás…todo el mudo de repente se siente con la libertad de aconsejarte tengan hijos o no.

Algunos de esos consejos serán bienvenidos, otros haremos mejor en ignorarlos, y entonces empezaremos a actuar en parte guiados por nuestra experiencia, en parte por los consejos, en parte por nuestro instinto y en parte por lo que nuestro hijo nos vaya guiando.

Es en ese momento cuando mucha gente pasará de los consejos a las críticas y más en nuestro caso.

Los Bebés de Alta Demanda no se ajustan para nada al patrón de bebé establecido por la sociedad.

- Según la opinión de la mayoría de la gente, los bebés se pasan la mayor parte del día durmiendo y solo despiertan para comer.

- Por supuesto duermen en sus cunitas solos, y comen reglamentariamente cada tres horas.

- El rato que están despiertos se muestran tranquilos y cualquier persona puede cogerles para decirle monerías.

- Si tienes que ir a algún sitio en coche, en el momento de ponerlo en el grupo 0 de queda dormido como un bendito.

- El baño les encanta y les relaja.

- Cuando lloran es porque tienen hambre o sueño. Y por la noche enseguida duerme del tirón.

Visto así parece incluso fácil tener un bebé, ¿verdad?

Pero ahora volvamos a la realidad y más en el caso de los Bebés de Alta Demanda:

- La realidad es que los Bebés de Alta Demanda lloran y mucho y además a un volumen altísimo, para que no te quepa ninguna duda de que necesita algo. La mayoría de las veces lloran incluso después de haber comido y nada más despertarse, así que la ecuación para adivinar lo que le pasa se complica.

- Maman a demanda, esto debería ser así para todos los bebés, pero con los de Alta Demanda es que no podrías hacerlo de otra manera aunque quisieras porque cuando quieren algo lo piden con todas sus fuerzas.

- Duermen muy muy poco y no pueden hacerlo solos, por lo que sus minisiestas suelen hacerlas encima nuestro, bien sea porteados, en la cama o en el sofá y por la noche es impensable dejarles en la cuna, solo consiguen conciliar el sueño y mantenerle medianamente si están en contacto con la madre.

- Tardan mucho tiempo en alcanzar unas cuantas horas seguidas de sueño y por la noche se despiertan a menudo.

- Cuando están despiertos permanecen en estado de alerta, mirando todo con atención y no permiten que les coja cualquier persona, resistiéndose a ello con fuerza.

- En el coche lloran a pleno pulmón y no se duermen casi nunca.
- A muchos el baño no les gusta o les estimula demasiado con lo que terminan muy nerviosos.

Con este panorama tan diferente al esperado por la mayoría de la gente las críticas no tardan en llegar:

- Le estás malcriando, todo el rato en brazos.
- Déjale llorar que no pasa nada. No puedes salir corriendo cada vez que llora.
- Pero cómo se te ocurre dormir con él, sácalo inmediatamente de la cama o no lo sacarás nunca.
- Pero otra vez le estás dando teta, eso es que tu leche no alimenta.
- Este niño llora por hambre, pero tú nada que no quieres darle biberón.
- Pero cómo lo llevas en ese trapo metido que se va a asfixiar.
- Este niño se te está subiendo a las barbas, no puedes hacerle caso en todo.
- Ese niño está enmadrado.

Recordad que estamos hablando de bebés y muchas de estas frases son normales oírlas en los primeros días de vida.
Cuando los bebés crecen las críticas van a más, y lo peor es que a veces incluso se lo dicen a ellos:

- Tan mayor y durmiendo con tus padres, ¿no te da vergüenza?

- ¿Todavía le das teta, qué le vas a dar hasta que vaya a la universidad? Menudo vicio.

- Pero dale una papilla y no le dejes guarrear con la comida

- Este niño os manipula: esto lo dicen ante cualquier cosa que no entienden por ejemplo si llevamos una rabieta con respeto, si dejamos a nuestro hijo opinar sobre algo que le incumbe, si en una conversación atendemos a nuestro hijo que nos hace una pregunta.....

- Anda que pequeñajo, todavía con pañal.

- Pero por qué no vuelves a trabajar y dejas de estar todo el día con el niño, menudo rollo.

- Estás obsesionada con el niño, siempre pendiente de él.

- Claro como no quieres castigar al niño ni darle un cachete, mira cómo te torea.

- Pero no le des tantas explicaciones que no se entera de nada.

Ante esta avalancha de consejos primero y de críticas después nuestra confianza se puede ir de vacaciones, y más si nos sentimos agotadas por no descansar de manera adecuada.

Para afrontar las críticas de una manera saludable, lo primero que tenemos que hacer es estar muy bien informados. Si tenemos claras las necesidades de nuestro hijo, si sabemos lo que es bueno para él, si las partes interesadas o sea tu pareja y tú estáis de acuerdo en la manera en la que queréis hacer las cosas será más fácil obviar las críticas.

Algunos consejos para manejar las críticas:

1- Establece unos límites. Deja claro que eres tú la que decides sobre tu hijo.

2- Como dijo el Dr. Sears: mantén tus quejas en la intimidad. Si te quejas porque tu hijo duerme mal, les estás dando pie a darte su opinión y criticar tu conducta. Desahógate solo donde te puedan entender, con gente que te respete a ti, a tu hijo y a tus decisiones.

3- Ten preparadas varias respuestas rápidas a las críticas habituales y lánzalas con una sonrisa, cuanto más descabelladas sean y más sonrías mejor efecto tendrán, pararán la crítica y te dejarán tranquila.

- Por ejemplo si te dicen: ¿vas a estar con la teta hasta que tenga novia?
  Respuesta: Sí, así cuando tenga novia ya estará acostumbrado.

- ¿Es bueno el niño?
  Respuesta: Si, aún no ha robado ningún banco

- No le metas en tu cama que no va a aprender a dormir solo
  Respuesta: Bueno así cuando duerma con su pareja no tendrá que aprender a dormir acompañado

4- Si más que una crítica es un consejo bienintencionado, puedes contestar amablemente que tú prefieres hacerlo de otra manera, incluso que tu pediatra te lo ha recomendado.

5- Ante las preguntas "inocentes" de si es bueno, duerme bien, come bien, puedes contestar que si a todo sin entrar en detalles: duerme bien aunque despierta varias veces, come bien: teta, teta y más teta, es bueno, por supuesto todos los niños son buenos (esta pregunta realmente no la entiendo, ¿realmente alguien cree que hay bebés y niños pequeños que sean malos por naturaleza?)

6- Si no te gusta que te critiquen tampoco lo hagas tú.

7- No des explicaciones sobre tu vida. A nadie le interesa cómo dormís.

No dejes que las críticas de la gente te hagan dudar. Observa a tu hijo y él te dirá si vais por buen camino.

Rodéate de gente que te comprenda, las dudas y la incomprensión son malas compañeras en la crianza.

LOS JUEGOS EN LOS BEBÉS Y NIÑOS DE ALTA DEMANDA

Los Bebés de Alta Demanda desde bien pequeñitos muestran gran interés por todo lo que les rodea. Son muy curiosos y despiertos y les gusta observar el entorno con atención. Miran lo que les rodea con gran concentración para no perder ni un detalle.

Por lo tanto los juegos más adecuados son los que de una manera u otra satisfagan esa necesidad.

Sus juegos suelen ser rápidos, enseguida se cansan del juguete y buscan un nuevo estímulo, además suelen requerir nuestra presencia y que nos involucremos en el juego. Necesitan constantemente cambiar de juego y eso hace que muchos padres/madres se agobien porque no saben qué tipo de juego ofrecerle.

Es importante que conozcamos cómo es el juego en los niños de 0 a 6 años:

Un niño entre 0 y 6 años es como una esponja. Todo lo aprende rápidamente y sin esfuerzo. A esta edad, lo quiere aprender todo, es una necesidad.

El juego constituye uno de los principales medios de desarrollo de los niños. Durante los primeros años aprenderá mientras juega e interactúa con lo que le rodea.

El juego es el gran impulsor del aprendizaje. Para ello este debe ser divertido y estimulante.

Durante los seis primeros años, tendrán lugar los aprendizajes más importantes de toda su vida.

Los niños aprenden con las manos, los oídos, observando, tocando, olfateando, saboreando, golpeando, arrojando objetos y escuchando. A través de sus sentidos, el niño descubre el mundo que le rodea. Necesita tocar, oler, sentir los objetos.

El juego debe satisfacer las necesidades del pequeño.

El juego nos prepara para la vida adulta.

Proporcionar estimulación a un niño no implica acelerar su desarrollo ni su independencia, sino identificar y fomentar sus capacidades, respetando su propio ritmo de maduración y aprendizaje, aceptando siempre que se encuentra en un proceso de evolución.

Para ello es importante conocer los períodos sensibles por los que pasan los niños.

Los períodos sensibles son fases en las que repiten una actividad una y otra vez. Están totalmente absortos en lo que están haciendo, y durante esa época, es en la única cosa en la que están interesados:

- Sensibilidad al orden
- Sensibilidad al lenguaje
- Sensibilidad a caminar
- Sensibilidad a los aspectos sociales de la vida
- Sensibilidad a los pequeños objetos
- Sensibilidad a aprender a través de los sentidos

Es importante que desarrollen sus capacidades motrices, la motricidad gruesa: correr, saltar, bailar, jugar con pelotas, juguetes de arrastre, de empujar, columpios, toboganes y la motricidad fina: llenar y vaciar cajas, apilar objetos, puzles de encaje, clasificar formas.

Los primeros movimientos del bebé responden a los reflejos primitivos, pero pronto aprenderá nuevas formas de explorar el mundo.

Los niños culminan su desarrollo psicomotor cuando son capaces de correr y saltar, lo que implica una coordinación entre brazos y piernas.

Actividades como dibujar, pintar, recortar, pegar y jugar con plastilina contribuyen a desarrollar su motricidad fina y su capacidad manipulativa. Es importante que sea el niño el que lo haga aunque el resultado no sea perfecto.

El juego de imitación y el juego simbólico: esta es una fase muy importante en el desarrollo cognitivo del niño. La simbolización y el hecho de que otorgue significados diferentes a los habituales a los objetos que está utilizando será una de las primeras muestras de abstracción. Juguetes que facilitan el juego simbólico: disfraces, casitas, tiendas, muñecas…

Los juegos simbólicos en los que los niños representan un papel son muy importantes en el desarrollo cognitivo de los niños.

Los niños utilizan la fantasía como forma de comprender el mundo que les rodea. Durante la primera infancia, hasta los 6-7 años viven en una mezcla entre la fantasía y la realidad.

Para que el niño pueda explorar tranquilamente debemos tener nuestra casa lo más adaptada posible. Intenta no tener cosas a su alcance peligrosas. Deja que se mueva en libertad.

Para los más chiquitines de la casa, desde que se sientan por sí mismos hasta que comienzan a caminar, un recurso muy interesante es la **"Cesta de los tesoros"**

La finalidad es proporcionarle nuevas sensaciones a través de la vista, el olfato, el tacto, el oído y el movimiento.

El material que necesitas es una cesta de mimbre baja, para que no sea peligrosa para el niño si se apoya, y en ella debes meter todo tipo de objetos cotidianos intentando que no sean juguetes ni de plástico.

Conviene meter objetos de diferentes texturas y materiales, por ejemplo: de metal, madera, cerámica, tela, piel, elementos naturales.....siempre asegurándonos que sean lo suficientemente grandes, que no sean peligrosos y que estén limpios.

Objetos que podemos meter en nuestra cesta:

- un ovillo de lana
- un cepillo de dientes
- una brocha
- cestitos de diferentes tamaños
- cucharas
- tapas

- llaves
- tarros
- cajitas metálicas cerradas con arroz
- campanillas
- monedero de piel
- pelota de goma
- muñeca de trapo
- estuche de gafas
- piñas
- esponjas
- un limón
- conchas
- pinzas
- hueveras
- cajas
- papel vegetal
- rollo de papel higiénico
- papel de plata
- trozos de telas de diferente tamaño y color
- todo lo que se te ocurra que pueda resultar atractivo para tu hijo

Este juego da la posibilidad a los más peques de descubrir su entorno y empezar a desarrollar sus sentidos.

Tú debes estar presente, observándole, dejándole que experimente y actuando sólo si es necesario.

Es importante revisar y renovar el material a menudo. Tirar lo que esté estropeado, quitar las cosas con las que no juegue y poner cosas nuevas.

Para los Bebés de Alta Demanda es una actividad interesante, ya que durante un ratito estará concentrado y más tranquilo.

La continuación de este juego para niños más mayores, que ya caminan, es el **"Juego heurístico"**
Consiste en poner a su alcance materiales cotidianos preferentemente naturales como hueveras de cartón, rollos de papel de cocina o del baño, cajas de cartón, de madera, botes, rulos, castañas....todo lo que encuentres por casa que no resulte peligroso para el nene.

Los objetos deben poder apilarse, encajarse unos en otros, clasificarse...Cuando tengas una buena colección de objetos se los pones en una habitación en la que no tenga demasiados estímulos que lo puedan distraer. Se los dejas en el suelo puestos de manera que tenga que moverse para cogerles y le observas. Lo más seguro es que les vaya cogiendo y les manipule metiendo unos dentro de otros. Intenta que haya variedad de objetos, de diferentes tamaños y texturas, formas y colores. Procura que no sean juguetes ni materiales de plástico.

Este es un juego ideado por Elionor Goldschmied, y sirve para los niños desde que comienzan a desplazarse. Está pensado para trabajar con varios niños en las aulas, pero lo podemos adaptar perfectamente a nuestras casas.

Los Bebés y Niños de Alta Demanda son niños muy movidos y este tipo de juegos les hace estar un ratito tranquilos ya que también son curiosos por naturaleza y les encanta descubrir las cosas con atención, así que este juego les proporcionará un rato de concentración mientras clasifican tapones, trasvasan materiales de un lugar a otro, apilan botes, colocan castañas dentro de una huevera y todo lo que se les ocurra y tú disfrutarás observándole.

Intenta siempre buscar juegos que capten su atención para estimular su necesidad de saber. Eso además te permitirá alternar juegos tranquilos en los que pone toda su atención con sus juegos habituales que por lo general son más movidos.

En el mercado nos encontramos con una amplia variedad de juguetes, muchos de ellos muy bonitos, con muchas luces y colores que funcionan apretando un botón. Normalmente ese tipo de juguetes, nos gustan más a los padres que a los propios niños. Ellos, después de un breve período de tiempo se cansan del juguete, que si bien es muy bonito, no les aporta gran cosa, ya que es el juguete el que lo hace todo, y ellos no tienen muchas oportunidades para manipularlo.

Son mejores los juguetes de materiales naturales (no plásticos) ya que aportan más estímulos a sus sentidos
Los primeros años están en plena época sensorial, manipulativa y desarrollando su motricidad.

Algunas ideas que te pueden ser de utilidad:

1- Los cuentos con solapas que pueden levantar y mover para descubrir lo que hay debajo les gustan mucho y también los cuentos que tienen pegatinas que le permite crear sus historias una y otra vez.
Los libros deben ser manejables y no muy largos y probablemente quieran oírlos una y otra vez.
2- Juego de cubos encajables que pueden apilar para hacer torres y luego derribarlas con gran estruendo.
3- Para la motricidad gruesa están bien las bicicletas que no tienen pedales que les ayuda a desarrollar el equilibrio.
4- Los juegos con globos o pelotas de diferentes tamaños y materiales.
5- Las pompas de jabón.
6- Si le gusta pintar es el momento de ofrecerle pinturas de todo tipo: de cera, de madera, de dedos...y también diferentes soportes para que empiece a plasmar su creatividad.
7- Puzles
8- Para la motricidad fina es estupenda la plastilina que además puedes hacer en casa por si se la lleva a la boca. Es muy sencilla de hacer aquí tienes la receta:

Plastilina

- Un vaso de sal
- Un vaso de agua
- Medio vaso de harina

Mezcla la sal, el agua y la harina en un cazo y cuécelo a fuego medio. Retíralo del fuego cuando la mezcla haya adquirido una consistencia espesa. A medida que la mezcla se enfríe, amásala con una cantidad suficiente de harina como para que la plastilina sea moldeable. Puedes añadir una gota de colorante alimenticio para que sea más vistosa.

Guarda la plastilina en un recipiente tapado o en una bolsa con cierre hermético en el frigorífico. Suele aguantar dos semanas.

9-Juego de bolos

10- Bloques de construcción

Cuando entran en la etapa del juego simbólico:

11- Una cocinita con montones de cacharritos y comidas

12- Una casa grande de cartón o en su defecto una caja grande donde se puedan meter

13- Disfraces

14- Instrumentos musicales, cuanto más reales mejor.

15- A los más mayores les vienen bien los juegos que les requieren atención y concentración como los juegos de memoria y los que les suponen retos. Con estos juegos además de estimular su necesidad de conocimiento les estamos proporcionando pequeños ratos de concentración y por tanto de relajación.

16- Cantar siempre es un buen recurso para pasar un buen rato y además fomentar la psicomotricidad, la memoria y el buen humor. Elige canciones con coreografías sencillitas y de rimas fáciles y canta y baila con tus hijos.

17- También puedes entretener a tu hijo en la cocina haciendo recetas sencillas en las que él te pueda ayudar. Es una experiencia para sus sentidos, aprende cosas y está contigo. Te dejo una muy sencilla de galletas que además está deliciosa:

Galletas de mantequilla

Ingredientes:

- 300 gramos de mantequilla

- 2 huevos

- 5 tazas de harina

- 1 taza de azúcar

- 1 cucharada de esencia de vainilla

Preparación: a mantequilla se mete unos segundos en el microondas para que se ablande. Se mezcla todo menos la harina con las manos o con la batidora. Se va añadiendo la harina poco a poco mientras seguimos removiendo. Batimos hasta conseguir una masa espesa. La dejamos reposar un rato tapada con un trapo y después la extendemos con ayuda de un rodillo. La masa debe tener una altura de por lo menos un centímetro. Una vez extendida cortamos la masa con moldes para hacer galletas o si no tenemos con un vaso. Ahora las colocamos en la bandeja del horno (si las pones sobre papel especial de horno ni siquiera se manchará la bandeja).

Colocar en el horno a media altura a 180° unos 10-15 minutos. Esperar a que se enfríen y a COMER!!!

18- Un recurso que a los niños les gusta mucho es hacer un picnic en casa. Algo tan sencillo como tirar una manta en el suelo del salón y poner una comida sencilla, puede hacernos pasar una tarde fría y aburrida de invierno de una manera mucho más divertida.

19- Hacer tus propios juguetes con cajas: coches para los muñecos, camas para las muñecas, las cajas te ofrecen un sinfín de posibilidades de desarrollar vuestra creatividad y tener un juguete nuevo cada día.

CÓMO APRENDEN LOS BEBÉS Y NIÑOS DE ALTA DEMANDA (posibilidad de altas capacidades)

Desde que nacen los Bebés de Alta Demanda ya muestran un comportamiento muy curioso, no quieren perderse nada de lo que les rodea, así que siempre están observando su entorno con atención.

Muchas veces están callados y quietos analizando todo lo que ocurre para después reproducirlo con una exactitud increíble.

Suelen aprender las cosas rápidamente y además tienen muy buena memoria, por lo que recuerdan cosas que solo han visto una vez. También tienen buena orientación.

Su capacidad de observación unida a su elevada sensibilidad, hace que se fijen en detalles que a la mayoría de la gente le pasan desapercibidos.

De los 0 a los 3 años, son auténticas esponjas que absorben todo lo que oyen y ven. Se encuentran en una época predominantemente sensorial en la que para conocer las características de un objeto necesitan tocarlo, olerlo, chuparlo, mirarlo, agitarlo para ver si suena. Es decir utilizan todos sus sentidos. A esta edad necesitan jugar y jugar, observar e imitar lo que ven, así es como aprenden y poco a poco van desarrollando nuevas habilidades. También en esta etapa es importante el desarrollo motriz, por lo que el niño debería poder moverse en libertad para desarrollar la psicomotricidad gruesa que es el control del cuerpo en el espacio. Para desarrollar la motricidad fina podemos poner a su alcance juguetes y actividades en las que tenga que utilizar los dedos pulgar e índice de las manos.

También pueden mostrarse precoces en la adquisición del lenguaje que además utilizan de manera correcta desde el principio. Suelen saltarse la fase "lengua de trapo" y directamente empiezan a hablar de manera clara y fluida.

Claro que no todos muestran ese comportamiento ya que su elevado perfeccionismo puede hacer que algunos niños no quieran hablar hasta hacerlo perfectamente.

Todas estas cualidades unidas a las demandas típicas de atención que ya hemos visto a lo largo del libro y a su intensidad emocional elevada, pueden darnos una idea de algo que va más allá de la simple Alta Demanda y son las Altas Capacidades.

Conozco ya varios casos en los que bebés que de pequeños se han comportado como Bebés de Alta Demanda han sido después diagnosticados como niños de altas capacidades y también niños de altas capacidades que sus padres cuentan cómo su comportamiento de bebé les resulto muy difícil (se comportaban como Bebés de Alta Demanda).

Un 70% de los niños con altas capacidades y superdotados han sido Bebés de Alta Demanda" o incluso tachados en su infancia como hiperactivos.

Muchos niños de alta demanda tienen altas capacidades, y este es un dato que tenemos que tener presente, ya que según el niño va creciendo va a ir demandando más atención en busca de actividades que satisfagan su intelecto y su curiosidad. Necesitan retos y actividades nuevas constantemente ya que pueden aburrirse con facilidad. Para aprender necesitan conectar con ello, si no les motiva no lo van a intentar siquiera con la consiguiente desmotivación y desconexión. La parte emocional juega un papel muy importante a la hora de aprender y no debemos olvidarnos de ella.

Así pues parece haber una correlación entre la Alta Demanda las Altas Capacidades. Para verlo un poco más claro vamos a ver las características típicas de los niños con altas capacidades.

Características de niños con altas capacidades:

Durante el primer medio año de vida:

- Una mirada intensa poco después del nacimiento.
- Levantar la cabeza en las primeras horas al nacer.
- Ser muy movido y tener mucha energía.
- Dormir poco.
- La primera sonrisa y otras muestras de contacto social aparecen en un momento temprano.

En general se puede decir que el bebé es activo, espabilado, movido, comunicativo e incansable. Se entretiene mirando su entorno y los objetos que le rodean. Si se aburre, se deja oír mediante llantos o ruiditos. Puede mostrarse impaciente y, sin duda, necesitado de muchos estímulos.

La segunda parte del primer año:

- Dominio del lenguaje precoz.
- Andar a los 8 ó 9 meses. Algunos niños saltan la fase del gateo.
- Relaciona hechos entre sí.
- Conoce el concepto de la permanencia del objeto entre los 9 y 13 meses.

SU CONDUCTA:

- Es interesado, curioso y activo (a veces hiperactivo)
- La fase de las preguntas (¿por qué?) llega en un momento temprano, alrededor de los 2 años.
- Exige mucha atención, ya que necesita estímulos gracias a su afán por aprender y entender
- Es muy sensible, al estado de humor de sus papás, a las tensiones, etc.
- Es observador y se da cuenta de pequeños detalles
- Es perfeccionista
- Tiene un sentido muy desarrollado de justicia

SU JUEGO:
- Es muy creativo e imaginativo en su juego
- Se entretiene y se concentra bien, si algo le interesa
- Suele jugar con niños más mayores y le gusta hablar con los adultos.

Si el niño demuestra una de las características antes mencionadas, no revela aún una superdotación. Cuántas más características coinciden con él, mayor es la probabilidad de que se trata de un niño superdotado. Conviene seguir atento el desarrollo de su hijo y brindarle todas las oportunidades para que aproveche su potencial y mantenerlo feliz.

Esta posibilidad suele resultar abrumadora para muchos padres y prefieren no saberlo y hacer como que no pasa nada. Esto es un grave error, ya que los niños con altas capacidades tienen unas necesidades tanto cognitivas como emocionales muy grandes, y si no estamos preparados para darles lo que necesitan estos niños sacarán su frustración con mal comportamiento, apatía, desmotivación o agresividad.
Los niños pequeños a los que no se les ofrece lo que necesitan por desconocimiento de sus altas capacidades pueden mostrar:

- Aburrimiento porque necesitan estímulo constante
- Hiperkinesia que puede ser diagnosticada erróneamente como hiperactividad

- Académicamente puede desconectar porque entienden los conceptos rápidamente y se aburren, lo que puede llevarles a un fracaso escolar
- Dificultad para relacionarse con niños de su misma edad

Los niños de altas capacidades sufren una disincronía entre su edad mental, cronológica y emocional, y eso repercute en su bienestar. Esto qué quiere decir: que están como divididos en tres partes y que éstas no se desarrollan a la vez.

Así podemos encontrarnos con un niño con una edad mental muy superior a su edad cronológica pero emocionalmente más inmaduro.

Conocer todo esto puede ayudarnos con la educación de nuestro hijo.

También puede ser interesante saber que no solo existe un tipo de inteligencia, si no varias, de esa manera podemos entender mejor cómo aprende nuestro hijo, según la inteligencia o inteligencias que tenga más desarrolladas.

Inteligencias múltiples de Gardner:

1. Verbal- lingüística
2. Lógico matemática
3. Corporal-kinestésica
4. Visual-espacial
5. Musical
6. Interpersonal
7. Intrapersonal

8. Naturalista
9. Emocional (propuesta por Goleman)

Es importantísimo que consigamos encontrar la manera de motivar a los niños de altas capacidades, ya que si lo que deben aprender no conecta con ellos, simplemente no lo van a aprender.

Debemos quitarnos la idea de que como los niños de altas capacidades son "listos" no necesitan ayuda, eso no es cierto, necesitan aún más ayuda que el resto de los niños.

Debemos tener en cuenta que son muy creativos y aprenden muy rápido por lo que las repeticiones les van a aburrir. Necesitan "vivir" la experiencia y hacerla suya para aprender.

Si los niños están aburridos, frustrados o estresados no van a aprender ya que su cerebro se bloquea y además pueden aparecer reacciones de agresividad.

Es muy importante tener en cuenta el mundo emocional del niño de altas capacidades, para lo que es conveniente conocer los tipos de sobreexcitabilidades que pueden mostrar (sobreexcitabilidad es la alta capacidad de respuesta a los estímulos)

- Psicomotriz
- Sensorial
- Intelectual
- Imaginativa
- Emocional

Es conveniente tener todo esto en cuenta a la hora de elegir el tipo de educación que queremos para nuestro hijo y de que se le atienda adecuadamente.

GRUPOS DE APOYO

Hay un proverbio africano que dice: "Se necesita toda una aldea para criar a un niño".

Hace poco leí algo un poco diferente pero que me gustó más: "Se necesita todo un poblado para que los padres no se vuelvan locos".

Y es que criar un hijo no es una tarea fácil. Requiere mucha dedicación, mucha comprensión, conlleva un gran desgaste físico y una revolución emocional. Hacerlo solo es muy complicado, ya que nosotros también necesitamos comprensión, apoyo y desahogo. Es necesario encontrar un sostén emocional para nosotras, las madres.

En el caso de Bebés de Alta Demanda esto es aún más importante debido a las críticas que recibimos sobre el comportamiento de nuestros hijos y a nuestro modo de actuar, y por supuesto a su elevada intensidad las 24 horas del día.

Además suele ser habitual pasar muchos meses preocupados sin entender por qué nuestro hijo se comporta de manera diferente a la mayoría de los niños. Y esto es muy duro de llevar si estás solo.

Contar con el apoyo de la pareja, ya hemos visto que es fundamental, pero también es importante rodearte de gente que esté pasando por una situación similar porque ellos son los que mejor te van a entender sin juzgar.

El apoyo es mejor si tienes a la persona al lado, pero si eso no es posible también puedes encontrarlo virtual. Ahora gracias a internet podemos estar conectados con personas que viven en la otra parte del mundo y con las que podemos tener en común más cosas que con las personas que tenemos al lado.

No lo dudes, los grupos de apoyo son muy importantes y en ellos encontrarás la calma y la fuerza necesarias para criar a tus hijos.

Si no tienes ningún grupo de apoyo cerca, te invito a que visites el grupo on line "Crianza de Alta Demanda" en Facebook:

https://www.facebook.com/groups/351329954980774/

AFIRMACIONES

Quiero compartir una última herramienta que es muy sencilla de usar y marca una gran diferencia en nuestra rutina diaria. Usándola con constancia puede resultarnos muy útil.

Se trata de realizar afirmaciones de manera regular.

Las afirmaciones sirven para reprogramar la mente hacia un tipo de pensamiento más positivo, y esto sin duda es beneficioso para nuestra vida en general, para afrontar mejor el día a día, para tener más paciencia, más control sobre nuestras palabras y nuestros actos.

Todo esto repercute en la relación con nuestros hijos, incluso en cómo ellos se comporten, ya que recordemos que ellos siempre son nuestro espejo en el que podemos ver reflejado nuestro ánimo.

Puedes hacer afirmaciones sobre lo que quieras, solo debes asegurarte que te proporcionen una buena sensación y de que sean fáciles de pronunciar.

Escribe la afirmación en un papel y colócala en un lugar donde puedas verla a menudo.

Por ejemplo:
- Estoy completamente relajado
- Soy el dueño de mis sentimientos y emociones
- Yo decido qué sentir
- Me aseguro de cubrir mis necesidades
- Me olvido del perfeccionismo
- Cuido mi salud
- Busco el lado positivo de las cosas
- Estoy aprendiendo a vivir el momento presente

- Soy flexible
- Se expresar mis emociones en todo momento
- Solo digo palabras positivas, constructivas y amables
- Resuelvo los problemas con facilidad
- Tengo todo lo que necesito para ser feliz aquí y ahora
- Siempre me comunico de manera clara y eficaz
- Mi relación con…..(pareja, hijo….) cada día es más feliz y plena

También puede ser una herramienta excelente para tu hijo. Puedes enseñarle cómo hacerlo y que lo convierta en un hábito, de esta manera estarás favoreciendo su autoestima y una visión positiva de sí mismo y del mundo.

Algunos ejemplos para los niños pueden ser:
- Estoy tranquilo y relajado
- Me siento bien
- Conozco mis emociones

Incorpora las afirmaciones en tu vida. Te ayudarán a romper el ciclo de pensamientos negativos, en el que a veces nos encontramos sin darnos cuenta.

Te ayudarán en los momentos críticos: rabietas, conflictos, sueño….pero para ello debes hacer de ellas un hábito. Escribe la afirmación que quieras trabajar en un papel y varias veces al día léela con decisión, con fuerza, siéntela, y tu percepción cambiará.

ANÉCDOTAS

Ya hemos visto muchas situaciones que se te pueden presentar cuando tienes un Bebé o Niño de Alta Demanda y algunas herramientas para afrontarlas. Te vas a encontrar con momentos difíciles, pero también con momentos sorprendentes, divertidos, ingeniosos y es que estos niños son increíbles y muy creativos.

Te voy a contar algunas anécdotas que espero que te saquen una sonrisa. Algunas son de cuando mi hija era bebé y de las situaciones tan cómicas que se nos presentaban aunque en ese momento no nos lo pareciesen, y otras ya de mis hijos más mayores y de sus ocurrencias.

- Cuando mi hija era un bebé era materialmente imposible separarme de ella por la noche, y además el más mínimo ruido la despertaba, eso ha dado lugar a muchas situaciones que ahora resultan graciosas, aunque en su momento casi fueron motivo de divorcio :-)

- Recuerdo estar en la cama sin poder moverme y mi marido preguntarme algo a lo que yo contestaba tan bajito que era imposible oírme, pero era suficiente para que la niña se despertase.

- Lo mismo pasaba cuando al acercarse hacía crujir el suelo, o se le ocurría hacer un leve carraspeo: niña a con los ojos como platos, ¡con lo que había costado que se durmiese!

- Si a alguien se le ocurría llamar por teléfono, ya podía tener una excusa muy buena para hacerlo.

- Y qué decir del baño, ese momento tan.....estresante. La de veces que he pensado cosas tan absurdas como si le daría alergia el agua o si alguien estaría echando ácido sulfúrico por las tuberías, en esos momentos te aseguro que por tu cabeza puede pasar cualquier cosa, y es que el contacto con el agua provocaba tal efecto en mi hija que cada vez que la bañábamos, temíamos que viniera la policía. Así que los baños se redujeron a la mínima expresión en cuanto a tiempo y frecuencia. Era algo más o menos así:

Mi marido y yo nos sincronizábamos y decíamos ¿estás preparado? listo, ya, un, dos, tres, fuera, ¿se habrá mojado por todos los lados? Esperemos que sí. Con esto era suficiente para terminar los tres exhaustos.

- Hubo otra época en que nos convertimos en expertos en baños fuera de la bañera, había que agudizar el ingenuo, ya que no siempre estábamos los dos disponibles para hacerlo, y uno sólo era imposible.

- En otra ocasión vinieron unos amigos de visita y a los diez minutos se tuvieron que marchar porque era imposible oírnos por el ensordecedor llanto de mi hija. En cuanto cerramos la puerta se tranquilizó, se ve que ese día no le apetecía tener visitas.

- Y cada vez que se quedaba dormida encima de mi, y en ese momento te entraban unas ganas irrefrenables de ir al baño, cogías a la niña con tanto cuidado que parecía que estuvieras desactivando una bomba, y en el momento de rozar la superficie elegida para depositarla, la bomba explotaba, perdón la niña se despertaba. ¡Con el cuidado que habías tenido! ¿Y ahora cómo lo haces? Porque tienes que ir al baño sí o sí. Pues haciendo malabarismos con la niña en la teta al baño, oye y lo conseguías. Si es que ser madre de una Niña de Alta Demanda te prepara para hacer unas cosas sorprendentes, ¿a qué sí?

- Con dos años hablaba perfectamente y empezó a deleitarnos con sus ideas y respuestas ingeniosas.

- Un día que yo no acertaba con lo que ella quería, y ya un poco cansada le digo: Hija que no sé lo que tienes en la cabeza. Ella se toca la diadema que llevaba en la cabeza y dice: "¡Una cinta, mamá!"

- Inventaba historias, canciones y amigos imaginarios a los que tenemos que esperar para comer, para entrar en el ascensor...

- Un día a punto de dormirse me dijo: "No quiero hacerme grande, quiero hacerme pequeña".

- Preguntaba todo lo que veía:
  - "¿Por qué ese chico cruza la carretera?"
  - "¿Por qué esa chica se mete la mano en el bolso?"
  - "¿De dónde sale el viento?"

- Un día quería hacer una foto con mi móvil pero estaba la memoria llena y le dije que no se podía hasta que descargásemos las fotos, entonces me preguntó "¿A nosotros también nos pasa eso, que si tenemos la memoria llena ya no se pueden meter más cosas?"

- Otro día en el supermercado vio a una señora con un abrigo de piel y dijo: "¿De qué va disfrazada, de ovejita? ¡Pero si ya no es carnaval!"

- Cuando le comunicamos que yo estaba embarazada de su hermano, fue corriendo a por un montón de juguetes y quería que me los tragase para que el bebé pudiese jugar.

  A veces también miraba por el ombligo para ver si le veía, y de paso intentaba meterme arena para que pudiese jugar el bebé.

- En navidad escuchando villancicos un día me preguntó: "¿Qué es el espíritu santo?"

- Otro día me hizo otra pregunta en apariencia un poquito más fácil: "¿De dónde nació el primero?" Después de soltarle todo el rollo de la teoría de la evolución, me dijo: "Vale, pero ¿de dónde nació el primero?"

- Otro día jugando con los playmobil, de repente me mira con uno de ellos en la mano y me dice: "Mamá ¿a nosotros también nos manejan?"

De algunas de sus preguntas aún no me he recuperado, y es que su cabeza siempre está funcionando.

CONCLUSIÓN

A lo largo del libro hemos dado un repaso a varias situaciones cotidianas que pueden resultarnos abrumadoras cuando tenemos Bebés y Niños de Alta Demanda.

Te he dejado varios consejos y herramientas para afrontarlas y un último apartado de anécdotas para que termines el libro con una sonrisa, porque siempre tienes que tener presente que nuestros hijos son maravillosos y que tienen un enorme potencial que debemos ayudar a que desarrollen para que se conviertan en unas personas plenas y felices.

Para ello tenemos que basarnos en una educación consciente que se basa en tres pilares fundamentales:

1. ME VEO. Conozco mis creencias, mis valores, ellos son los que marcan mi vida, son como mi brújula. Me doy cuenta del impacto que tengo como adulto cuando actúo, con mis pensamientos....Soy su ejemplo.

2. TE VEO. Nuestros hijos incorporan nuestra forma de ver el mundo, pero también otras (cole, tele, amigos) y adquieren su propios valores, emociones, sueños.....

3. NOS ENCONTRAMOS. Tenemos que apreciar a nuestro hijo, sus valores, y debemos escucharle y acompañarle en la búsqueda de sus talentos para que sea feliz, pero como él quiera no como nosotros queramos.

Como resumen de todo, los consejos finales más importantes:

1- Escucha sus necesidades (y las tuyas)

2- Respeta sus ritmos (y enseña respeto)

3- Ten paciencia (todo pasa lo bueno y lo menos bueno)

4- Ten sentido del humor (sé flexible)

RESPETO-PACIENCIA-AMOR-TIEMPO-DEDICACIÓN

BIBLIOGRAFÍA

A continuación quiero dejarte una lista de los libros que me han inspirado para algunos capítulos de este libro y en los momentos claves de la crianza de mis hijos:

- "Un regalo para toda la vida. Guía de la lactancia materna" Carlos González
- "Dormir sin lágrimas. Dejarle llorar no es la solución." Rosa Jové
- "Bésame mucho. Cómo criar a tus hijos con amor" Carlos González
- "La crianza feliz. Cómo cuidar y entender a tu hijo de 0 a 6 años" Rosa Jové
- "Crianza. Violencias invisibles y adiciones" Laura Gutman
- "Libertad y límites. Amor y respeto" Rebeca Wild
- "Ni rabietas ni conflictos" Rosa Jové
- "Berrinches y rabietas para mamás imperfectas" Leticia Jiménez
- "El niño difícil.Cómo comprender y tratar a los niños difíciles de educar" Stanley Turecki
- "Con el cariño no basta.Cómo educar con eficacia" Nancy Samalin
- "Cómo curar la ansiedad en los niños sin medicación ni terapias" Louise Reid
- "Cómo hablar para que sus hijos le escuchen y cómo escuchar para que sus hijos le hablen" Adele Faber y Elaine Mazlish
- "El niño feliz. Su clave psicológica" Dorothy Corkille
- "Crianza a prueba de críticas. Educar con responsabilidad a pesar del qué dirán" Lily Yuste

- "Inteligencia emocional" Daniel Goleman
- "Métodos infalibles de relajación" Paul Wilson
- "Simplifica tu vida" Elaine St. James
- "Organiza tu hogar en 30 días" Azucena Caballero
- "Los hombres son de Marte, las mujeres de Venus" John Gray
- "Por qué los Hombres no escuchan y las Mujeres no entienden los mapas" Allan y Barbara Pease
- "Las necesidades educativas de todos los superdotados" Isidro Padrón
- "El niño superdotado. Para ayudarle a crecer y a seguir adelante" Jeanne Siaud-Facchin
- "Jugar y aprender. El método Montessori" Lesley Britton
- "Enséñame a hacerlo sin tu ayuda" Maja Pitamic
- "Cómo obtener lo mejor de tus hijos" Tim Seldin
- "Mamá motivada. 30 propuestas para maximizar nuestra creatividad e inspiración diaria" Azucena Caballero

ACERCA DE LA AUTORA

Mónica San Martín es una madre emprendedora inmersa en el conocimiento profundo de los bebés y niños de alta demanda, así como en la mejor manera de resolver los conflictos que se nos puedan presentar en su crianza y educación, de una manera respetuosa y empática, que tenga en cuenta las necesidades de cada miembro de la familia.

Es la mamá al frente de la Comunidad Crianza de Alta Demanda, comunidad on line para madres y padres de bebés y niños de alta demanda, desde la que proporciona todo el apoyo necesario para criar niños intensos y acompañarles para que puedan desarrollar el gran potencial que estos niños traen de serie.

Autora de los Bestsellers "Hijos intensos, un enfoque positivo" y "Relajación en Familia", en esta ocasión nos ofrece un libro con más de 100 consejos útiles para la etapa infantil.

Puedes encontrarla en la red

En su página: http://www.crianzadealtademanda.com/

En su Blog: http://crianzadealtademanda.blogspot.com.es/

En la Comunidad on line: http://comunidadcad.blogspot.com.es/

En Facebook: https://www.facebook.com/CrianzaDeAltaDemanda

https://www.facebook.com/groups/351329954980774/

En Twitter: https://twitter.com/crianzaaltadem

En Pinterest: http://www.pinterest.com/monicasanmartin/

Puedes suscribirte al boletín de noticias para estar informado de todas las novedades: http://eepurl.com/qOTWT

Y en Burgos (España) impartiendo talleres, cursos y charlas.

LIBROS

"Hijos intensos, un enfoque positivo. Cómo afrontar una Crianza de Alta Demanda"

Este libro es una recopilación revisada y ampliada de los artículos publicados en mi blog: http://crianzadealtademanda.blogspot.com.es/, en los que de una manera sencilla y clara voy exponiendo lo que es un Bebé de Alta Demanda y cómo afrontar su crianza de una manera positiva.

Contenidos

1- Introducción

2 – Prólogo

3 - Bebés de Alta Demanda

4 - Características

5 - Reflexiones del día a día

6 - Qué dicen otras mamás

7 - Acerca de la Autora

Puedes encontrarlo en:

http://crianzadealtademandaellibro.blogspot.com.es/p/prologo.html

"Relajación en Familia"

El libro "Relajación en Familia" surge a raíz del curso del mismo nombre realizado en la Comunidad Crianza de Alta Demanda.

Fruto de mi experiencia en el pasado aprendiendo distintas técnicas para relajar el cuerpo y la mente, nace este curso y posteriormente el libro.

Todo lo que he aprendido antes de ser madre, me está sirviendo ahora para gestionar las intensas emociones de mi hija y para estar yo más relajada en los momentos críticos.

De todo lo que he aprendido estos años he escogido lo que te puede venir mejor a ti como madre/padre y he elaborado este curso para que aprendas a relajarte de diferentes maneras, en diferentes situaciones. Para que no solo relajes tu cuerpo, sino también tu mente. Y también trucos para que puedas ayudar a tus hijos a relajarse.

Indice

3- Relajación Física

4- Relajación Mental

5- Relajación en Bebés

6- Relajación en Niños

7- Alimentos que relajan

8- Resumen

Puedes encontrarlo en:
http://relajacionenfamilia.blogspot.com.es/p/comprar-el-libro.html

Printed in Great Britain
by Amazon